Edgar Dahmen

Skurriles
aus tierärztlichen Praxen

mit Illustrationen von gigi

© 2017 Dr. Edgar Dahmen, 85221 Dachau

Lektorat: Dr. Anja Becker · www.medizinlektorat-dr-becker.de
Satz & Layout: PCS BOOKS · www.pcs-books.de
Covergestaltung: OOOGRAFIK · www.ooografik.de
Covergrafiken: Fotolia.de; #162368866, #44995908, #49616486, #45104319, #47808430, #48078001, #45503920, #66605156, #44568413, #49616540, #44995968 | Urheber: Igor Zakowski; #151431130 | Urheber: a3701027
Autorenfoto: Privat
Illustrationen/Zeichnungen: © gigi, 85221 Dachau
Druck und Verlagsdienstleister: Tredition GmbH, Hamburg

Printed in Germany
1. Auflage

978-3-7439-4818-1 (Paperback)
978-3-7439-4819-8 (Hardcover)
978-3-7439-4820-4 (e-Book)

Alle in den Beispielen erwähnten Personen sind rein fiktiv und jegliche Ähnlichkeit mit bestehenden Personen ist rein zufällig.

Inhaltsverzeichnis

Vorwort

Meine Kollegin, die Tierärztin Dr. Eva Maria Dämmer, richtete im Dezember 2013 im Internetforum eine E-Mail an die Tierärzteschaft. Sie wollte eine Sammlung von skurrilen Praxisbegebenheiten zusammentragen, um diese später zu veröffentlichen. Ich war von dieser Idee sofort hellauf begeistert. Eine große Anzahl aus dem Forum beteiligte sich mit Beiträgen und freute sich auf die Sammlung.

Aus den verschiedensten Gründen kam die Bearbeitung der Beiträge allerdings zum Erliegen.

Als ich mich im Februar 2016 bei Frau Dämmer meldete, um nachzufragen, wie es um die Sammlung stünde, bot sie mir die Storys an, um ihre Arbeit zu vollenden. Nach einigen Wochen der Überlegung entschloss ich mich Mitte Mai 2016, einen Versuch zu starten, und machte mich ans Werk. Probeleser bestärkten mich, weiterzumachen.

Meine unzureichenden Schreibkenntnisse hat dankenswerterweise meine liebe Schwester Gabriele Steffans verbessert.

Die Kollegin Dr. Anja Becker, freiberufliche Lektorin, hat die Fertigstellung der Geschichten professionell begleitet.

Dieser Band soll gleichzeitig ein Aufruf sein: Liebe Kolleginnen und Kollegen, schicken Sie mir weiterhin Ihre Geschichten! Denn das Leben hört nicht auf, skurrile Geschichten zu schreiben. Gerade in der Tiermedizin.

Ihr Edgar Dahmen

Tierarzt aus Dachau

Der vermisste Geldschein

Vor gerade einmal sechs Wochen hatte ich als junger Tierarzt meine erste Assistentenstelle angetreten. Noch war ich nicht so routiniert, dass ich jeden neuen Fall ohne vorherige Überlegungen einfach auf mich zukommen lassen wollte. Deshalb stellte ich bei telefonischen Anmeldungen neuer Krankheitsfälle wesentlich mehr Fragen, als es später, nach mehreren Jahren Praxistätigkeit, notwendig war. So konnte ich das Gehörte in Ruhe überdenken, einen Untersuchungsplan vorbereiten, Instrumente zurechtlegen und die Therapiemöglichkeiten ausloten.

Dies alles war nach einem gewissen nächtlichen Hilferuf nicht nötig. Die Anruferin vermisste einen 100-DM-Schein. Mehr als eine Stunde lang hatte sie die ganze Wohnung abgesucht. Da keine andere Person im Hause war, blieb als einziger Verdächtiger der Cocker Spaniel übrig.

Schon des Öfteren hatte der sich an den unmöglichsten Gegenständen vergriffen. Es war auch schon vorgekommen, dass er sich danach erbrach. Auf diese Weise hatte die Besitzerin früher schon mal ein Stofftaschentuch, einen Ring und einen Filzstift zurückerhalten. Doch dieses Mal schien der Magen des Hundes nicht rebellieren zu wollen, da musste der Tierarzt nachhelfen. Während ich mir die ganze Geschichte anhörte, dachte ich darüber nach, ob dies wirklich ein Notfall war.

Natürlich war es kein Notfall. Einen Geldschein zu verdauen ist für einen Hundemagen kein Problem. 100 DM waren aber Ende der 60er Jahre viel Geld. Für einen jungen Assistenten immerhin zehn Prozent des Monatsgehalts. Auch dem Praxisinhaber waren Einnahmen ohne eigene Leistung nicht unsympathisch. Nicht nur aus dem Grunde hatte er die Dienstanweisung so verfasst, dass jeder Nachtanruf immer wie ein Notfall betrachtet werden muss; schließlich würde sich der Tierbesitzer ja Sorgen machen und würde nicht grundlos nachts anrufen.

Die Frau und ich einigten uns darauf, den Geldbetrag zu teilen, sofern der Schein wieder zutage kommen sollte, und verabredeten uns in der Praxis. Dort bekam der Hund nach kurzer Untersuchung eine subkutane Apomorphin-Injektion und nach wenigen Minuten fing der Cocker an zu würgen. Unglaublich, was der so alles aus sich herausbrachte! Neben normalem Futter, Gras, Teilen eines zerbissenen Gummiballs und außer viel Undefinierbarem erschien auch der noch gut zu erkennende Geldschein.

Für die Hundebesitzerin wusch ich den Schein, sodass er, obwohl leicht zerbissen, in jeder Bank umgetauscht werden konnte.

Ich bekam – wie ausgemacht – 50 DM direkt ausgehändigt, mein Chef stellte am nächsten Tag die Rechnung und alle Beteiligten waren zufrieden.

Leider sollte das der einzige Nachteinsatz mit Sondervergütung während meiner gesamten Assistentenzeit bleiben.

Das Grillfest

Einen knapp halbjährigen Dackelwelpen kann man nicht stundenlang alleine lassen. Das dachten sich auch die Hundebesitzer und nahmen ihn zu einem Grillfest mit. Dort gab es neben Bratwürsten und Koteletts auch die besonders beliebten Spareribs. Diese werden ganz unkonventionell mit beiden Händen gehalten und das Fleisch wird mit den Zähnen vom Knochen abgefieselt, bevor man sie ablegt und sich dem nächsten Teil widmet.

Irgendwie erwischte unser kleiner Dackel so ein abgenagtes Stück und machte sich daran zu schaffen. Bis einer der Partygäste – der schon mal gehört hatte, dass man Hunden keine Knochen vom Geflügel und Schwein geben sollte, die könnten nämlich splittern – das bemerkte. Schnell wollte er dem kleinen Hund den Knochen wegnehmen, um größeres Unheil zu verhüten. Doch der Hund war schneller und hatte ruckzuck das ganze Stück heruntergeschluckt. Da der Knochen in der Speiseröhre steckte und fast genau so lang war wie diese, fing der Hund an zu würgen. Erfolglos.

Grillabende finden selten während der Sprechzeiten eines Tierarztes statt, Notfälle folgen keinem Stundenplan. Das lernt man in der Praxis schnell.

Ich konnte den Knochen im gesamten Halsbereich des Welpen tasten. Eine Röntgenaufnahme zeigte, dass das untere Ende bis in den Magen reichte, während das obere in Kehlkopfnähe endete. Eine einfache Entfernung war also unmöglich.

Da der Hund nach einer Beruhigungsinjektion inzwischen aufgehört hatte zu würgen und sich auch sonst nicht auffällig benahm, verzichtete ich auf eine Überweisung in die Tierklinik und bestellte ihn, wenn er weiter ruhig bleiben würde, für den nächsten Tag wieder in die Praxis. Bei der Nachuntersuchung machte ich eine erstaunliche Entdeckung: Auf dem Röntgenbild war der Knochen um etwa einen Zentimeter kürzer geworden! Der Magen leistete hervorragende Arbeit. Da der Hund trinken konnte, und es ihm auch sonst gut ging, wurde auf weitere Eingriffe verzichtet. Das erwies sich als richtig.

Weitere Röntgenuntersuchungen in den nächsten Tagen zeigten deutlich, dass der Knochen keinen Schaden in der Speiseröhre anrichtete. Im Gegenteil: Er wurde mit jedem Tag um etwa einen Zentimeter kürzer und war nach zehn Tagen vollständig verdaut.

Das hätte der Magen eines erwachsenen Menschen nicht geschafft.

Der Hund mit Durchfall

Ein Hundebesitzer kam wegen des Durchfalls seines Tieres in meine Praxis und wollte ein Medikament kaufen. *Drei Beutelchen Entero-Sediv* wollte er von der Tierarzthelferin, das habe immer schon geholfen. Es entwickelte sich ein Gespräch zwischen den beiden, danach verwies sie den Mann an mich.

Dem Tierbesitzer erklärte ich, dass Durchfall nicht gleich Durchfall sei und dass man zunächst mal nach der Ursache der Symptome suchen sollte, bevor man ein Medikament einsetzt.

Die Ursache sei immer dieselbe, entgegnete er. Der Hund würde beim Gassigehen alles Fressbare in sich hineinschlingen und dann bekäme er halt Durchfall. Das war plausibel. Die Helferin gab dem Mann also drei Beutelchen Entero-Sediv und kassierte 3 DM. Damit sollte der Fall erledigt sein.

War er aber nicht.

Nach ein paar Tagen stand der Mann wieder in der Praxis und beschwerte sich lautstark, dass unser Mittel nichts taugen würde. Die Krankheit habe sich sogar verschlimmert. Andauernd renne der Hund zur Haustür und wenn man ihn rausließe, würde er ständig pressen und mittlerweile nur noch Wasser absetzen. Er wolle endlich etwas Vernünftiges haben.

Ich nahm das ursprüngliche Gespräch wieder auf

und erklärte ihm, dass er den Hund zur Abklärung der Ursache in die Praxis bringen müsse.

Ja, das wäre ja noch schöner, meinte der Mann, wegen des bisschen Durchfalls eine Untersuchung. Nein, das käme überhaupt nicht in Frage. Wenn ich ihm nichts geben würde, dann hole er sich eben was aus der Apotheke, die hätten sicher was da.

Darauf ich: „Bitte, wenn Sie meinen, aber lassen Sie sich um Gotteswillen kein Mexaform andrehen. Das geben die Apotheker jedem Menschen gegen Durchfall und für den Hund ist das giftig."

Wütend verließ der Mann die Praxis. Und mindestens genauso wütend war ich.

Wiederum ein paar Tage später kam er dann doch mit dem Hund in die Praxis. Der Durchfall war immer noch nicht besser, insbesondere der Stuhldrang war für den Hund sehr lästig. Ich ließ mir meine Zufriedenheit nicht anmerken und begann mit der Untersuchung. Gleich beim Fiebermessen stellte ich etwas Ungewöhnliches fest: Ich stieß mit dem Thermometer gegen etwas Metallisches und aus dem After hing ein kleines Fädchen heraus. Die rektale Untersuchung ergab, dass es sich um einen Angelhaken handelte, den der Hund wohl (mit oder ohne Beute, wer weiß) verschluckt hatte.

Die Magen-Darm-Passage war problemlos verlaufen, allerdings nur bis zum Schließmuskel des Afters. Der hatte ein besonderes Pflichtbewusstsein.

Der eifersüchtige Schäferhund

In meine Praxis kam während der offenen Sprechstunde eine junge Frau mit ihrem Schäferhund. Sie berichtete, dass ihr Hund im Schlafzimmer den gesamten Nachttisch abgeräumt habe. Papiertaschentücher, Nachtcremes, Gute-Nacht-Guttis und was sonst noch alles auf einem Nachttisch seinen Platz hat, hatte der Hund gefressen.

Mit eingeklemmtem Schwanz und gesenktem Kopf kam er mit seiner Besitzerin, einer äußerst attraktiven Mittdreißigerin, in die Praxis.

Zunächst untersuchte ich den Hund. Sein Leib war bereits etwas aufgetrieben. Ich erfuhr, dass die Besitzerin allein mit ihm lebte und dass der Hund sehr eifersüchtig über sein Frauchen wachte. Bei Besuch musste sie ihn immer wegsperren, da er gegenüber jedem, der die Wohnung betrat, aggressiv wurde. Wenn der Besucher wieder gegangen war, durchsuchte er hochgradig aufgeregt die ganze Wohnung. Dabei verschlang er auch schon mal die verschiedensten Teile. Diesmal habe er alles erwischt, was auf dem Nachttisch lag.

Nachdem ich dem Hund eine subkutane Apomorphin-Injektion gegeben hatte, übergab die Helferin der Frau einen Plastikeimer. In diesen sollte der Hund hinein erbrechen. Da das Wartezimmer fast voll besetzt war, nahm sie in Sichtweite zum Empfang in einer Ecke

Platz. Es dauerte nur wenige Minuten, da hörte man einen furchtbaren Schrei.

Der Hund hatte erbrochen und der Besitzerin war es nicht gelungen, das Erbrochene aufzufangen. Mit hochrotem Kopf stand sie da, hatte den leeren Eimer in der Hand und schrie immer noch. Eine Riesenmenge Mageninhalt hatte sich über den Fußboden ergossen und darin schwammen – acht bis zehn lose Kondome!

Die Reaktionen der übrigen Leute im Wartezimmer waren geschlechtsspezifisch unterschiedlich. Kopfschüttelnd und mit vorwurfsvollen Blicken die weiblichen, belustigt grinsend die männlichen Patientenbesitzer.

Alle hatten auf jeden Fall eine nicht alltägliche Geschichte aus der Tierarztpraxis zu erzählen.

Der vergessene Patient

Eine schon etwas betagte Hundebesitzerin ließ ihren Liebling regelmäßig in meiner Praxis untersuchen und behandeln. Ich mochte die alte Dame. Schließlich war sie seit meiner Praxiseröffnung vor etwa 25 Jahren eine zufriedene Kundin. Ihr jetziger Hund war seit dieser Zeit bereits der dritte, den sie von mir betreuen ließ.

Seit dem Tode ihres Mannes vor ungefähr einem Jahr war sie, da ohne Führerschein, auf ein Taxi angewiesen. Deswegen sollte es ihrem Hund aber nicht an notwendigen Untersuchungen fehlen.

„Er ist doch das Einzige, was mir noch geblieben ist", pflegte sie immer zu sagen.

Auch an diesem Tag kam sie mit dem Taxi in die Praxis. Sie hatte den Termin minutengenau eingehalten, meldete sich beim Empfang an und nahm im Wartezimmer Platz. Da kein anderer Tierbesitzer dort war, konnte sie annehmen, als Nächste aufgerufen zu werden. Doch das dauerte heute länger als üblich.

Offenbar hatte der Doktor einen zeitaufwendigen Fall zu verarzten, dachte sie. Nach ungefähr zwanzig Minuten erkundigte sie sich bei der Helferin am Empfang, wie lange sie denn wohl noch warten müsse. Heute habe sie es ausnahmsweise ziemlich eilig. Die Helferin gab die Beschwerde an mich weiter.

Ich beeilte mich besonders, ging danach, um die

Dame mit ihrem Shih Tzu persönlich zu empfangen, in den Warteraum. Diese stand auf, redete auf mich ein, ihr Hund habe ...

Dabei blickte sie an sich hinunter, schaute sich um, drehte sich im Kreis – aber der Hund war gar nicht da!

Meinen Patienten hatte sie zu Hause vergessen.

Jörgl und Cäsar

Ein Sprichwort sagt, dass die Kollegialität unter Tierärzten im Quadrat zur Entfernung voneinander steigt.
Nicht so bei Jörgl und mir. Wir wohnten nicht weit voneinander entfernt in der gleichen Stadt und verstanden
uns blendend.

So ließ er seine Hunde lieber von mir behandeln, als
sie selbst zu therapieren.

Einer seiner Hunde, *Cäsar*, der war genauso ein besonderer Hund wie Jörgl ein besonderer Mensch war.
Allein die Umstände, wie Cäsar in seinen Besitz kam,
sind es wert, erzählt zu werden.

Cäsar hatte einen Vorgänger, der *Cato* hieß. Und
weil Jörgl mit Cato so viel Freude gehabt hatte, sollte
der nächste Hund wieder ein Jagdterrier werden. Die
Anschaffung gestaltete sich aber schwieriger als gedacht, weil Jörgl kein Jäger war und alle Züchter, mit
denen er telefonierte, wollten ihre Welpen nur an jemanden abgeben, der den Hund auch jagdlich führen
konnte. Das konnte Jörgl aber nicht nachweisen – und
Jäger wollte er auch nicht mehr werden. Deswegen lieh
er sich die entsprechende Kleidung und ging als ver-
meintlicher Jäger zur Welpenbesichtigung.

Der Züchter wohnte so weit von seinem Wohnsitz
entfernt, dass sie kaum gemeinsame Bekannte haben
konnten, sodass er nicht fürchten musste aufzufliegen.

Auch die Frage nach der zukünftigen jagdlichen Ausbildung des Hundes wurde durch das gespielte Auftreten Jörgls gar nicht erst zur Sprache gebracht.

Die Welpen waren zum Abgeben alt genug. Cäsar suchte sich sein Herrchen aus und wurde mitgenommen. Die ausgeliehene Kleidung konnte noch am gleichen Tag zurückgegeben werden.

Schon als Junghund verspürte Cäsar einen außergewöhnlichen Freiheitsdrang. Wann immer er konnte, ging er ohne sein Herrchen *auf die Jagd*. Dabei wurde er jedoch immer wieder eingefangen und jedes Mal im Tierheim abgegeben. Dort kannte und schätzte man ihn als regelmäßigen *Kunden*, mehr noch aber seinen Besitzer Jörgl, der bei jeder Abholung 20 DM bezahlen musste.

Hin und wieder besuchte mich Cäsar mit seinem Herrchen privat und auch ich schloss das Tier ins Herz.

Als der junge Rüde geschlechtsreif war, wurde er mehrfach in Raufereien verwickelt, aber selten behandlungsbedürftig verletzt. Einmal war er aber wohl doch an einen ihm überlegenen Gegner geraten, der ihn übel zugerichtet hatte. Aber anstatt nach Hause oder zum nahegelegenen Tierheim zu laufen, wo er ja bestens bekannt war, setzte er sich vor die Tür meines Privathauses!

Dort entdeckte ich ihn, als ich zum Mittagessen nach Hause kam. Man sah ihm an, dass er verletzt war und Hilfe suchte. Weil er aber starke Schmerzen hatte, ließ er sich nicht untersuchen. Gleich nach der

Mahlzeit fuhr ich dann mit ihm in die Praxis, wo ich seine Wunden unter Narkose versorgen konnte.

Es war das einzige Mal in meiner langjährigen Praxistätigkeit, dass ein Hund freiwillig zur Behandlung kam. In diesem Fall sogar noch als privilegierter Patient in die Privatwohnung und außerhalb der Sprechstundenzeit.

Die Waldbestattung

Zum Einschläfern ihrer geliebten Katze wollte die alte Dame nicht in die Tierarztpraxis kommen. Sie glaubte ganz fest, dass sich ihr Tier bei dem *schweren letzten Gang* dorthin besonders aufregen könnte. Deshalb nahm sie das Angebot ihrer Doktorin an, zu dieser Gelegenheit ins Haus zu kommen.

Diese machte sich nach der Vormittagssprechstunde auf den Weg. Da sie Komplikationen befürchtete, nahm sie ihre Helferin mit. Gleich nach der Ankunft der Tierärztin begann die Dame jedoch an ihrem Entschluss, ihr geliebtes Tier einschläfern zu lassen, zu zweifeln, obwohl sogar jeder Laie sehen konnte, dass das Tier keinerlei Lebensqualität mehr hatte. Es dauerte – gefühlt – mehr als eine Stunde, bis die Tierärztin sie davon überzeugt hatte, dass ihre ursprüngliche Entscheidung, die Katze einschläfern zu lassen, die richtige war.

Friedlich schlief die Katze für immer ein.

Allerdings war für die Tierärztin der Hausbesuch damit noch nicht beendet. Wenn sie geglaubt hatte, mit der Entsorgung des toten Tieres nichts zu tun zu haben, hatte sie sich gründlich geirrt. Sie war davon ausgegangen, dass die tote Katze im großen Garten der alten Dame bestattet wird. Aber dies wurde ganz entschieden abgelehnt. Sie selbst sei zu alt und zu schwach und

alle, die ihr hätten helfen können, seien schon gestorben oder gerade verreist.

Auch den zweiten Vorschlag, das geliebte Tier von
einem Entsorgungsbetrieb abholen zu lassen, lehnte sie
ab. Nein, den Gedanken könne sie nach all dem, was
sie darüber gehört hatte, überhaupt nicht ertragen.

Sie flehte die Tierärztin und die Helferin an, das Tier in einem gewissen Wäldchen, an einer ganz bestimmten Stelle zu vergraben. Nur so könne sie ihre Ruhe finden.

Als die Doktorin und die Helferin das ablehnten, kollabierte die Frau, echt oder gespielt, auf der Stelle. Mit Hilfe des Notarztes kam sie wieder auf die Beine.

Mittlerweile waren mehr als zwei Stunden vergangen. Um nicht noch mehr Zeit zu verlieren, erklärte sich die Tierärztin jetzt doch bereit, die Katze mitzunehmen. Sie wollte sie von zu Hause aus entsorgen lassen.

Dort angekommen überwältigte sie jedoch die Befürchtung, für derartiges Unrecht in der Tierärzte-Hölle büßen zu müssen.

Deswegen ruht die Katze jetzt in einem gewissen Wäldchen, und zwar an einer ganz bestimmten Stelle …

Der braune Bomber

Wie jeder gewissenhafte Hundehalter führte auch der Tierarzt seinen Hund morgens aus. Sehr häufig begegnete ihm dabei ein brauner Pudel mit seinem Herrchen. Der nannte seinen Hund, weil er übergewichtig, hochgradig bissig und daher auch in der Tierpraxis schwer zu behandeln war, *der braune Bomber.*

Ob er deswegen oder aus finanziellen Gründen nur selten zur Behandlung kam, wusste der Doktor nicht. Obwohl man sich kannte, ging man sich aus dem Weg, grüßte sich lediglich über die Straße. Ein Irish Terrier und ein bissiger Pudel, beides Rüden, sind ja auch nicht gerade ein Traumpaar.

Zu Beginn des Winters sah der Tierarzt den Pudel nur noch mit einem wollenen Schal um den Hals. Das war erst mal nichts Besonderes, da vor allem viele Frauen versuchten, auf diese Art ihren Hunden etwas Gutes zu tun. Auffällig wurde es erst, als der Schal den Hund noch im darauffolgenden Sommer schmückte.

Im späten Herbst erschien der Besitzer schließlich mit dem braunen Bomber in der Praxis. Beide waren auffallend kleinlaut. Der Besitzer, weil er wohl ein schlechtes Gewissen hatte, der Hund, weil er offensichtlich krank war. Von seiner Bissigkeit keine Spur mehr. Stattdessen verbreitete er einen äußerst unangenehmen Geruch. Der Tierarzt ahnte sofort, warum:

Unter dem Wollschal musste die Quelle des Gestanks versteckt sein.

„Der hat da was, das muss weg", bestätigte der Besitzer. Ohne die sonst obligatorische Rundumuntersuchung wurde der Hund in Narkose gelegt, weil mit dem Schlimmsten zu rechnen war. Dann ging es ans Auspacken. Unter dem bereits durchnässten Schal deckten mehrere Lagen aus Plastiktüten, Krepppapier und Frischhaltefolien einen honigmelonengroßen, faulenden Tumor an der Unterseite des Halses ab. Während des Freilegens rannte die *Azubine* mit akutem Brechreiz zur Toilette. Die schon länger im Beruf stehende Helferin folgte ihr kurz darauf, nachdem sie die verwesende Geschwulst abgewaschen hatte. Der Doktor musste ebenfalls mit sich kämpfen und zündete sich zum ersten Mal im Operationsraum eine Zigarette an. Doch dann riss er sich zusammen. Eine ähnlich widerliche Arbeit hatte er doch früher in der Großtierpraxis schon öfter erledigt.

Das Gewächs war gestielt und durch sein Eigengewicht hatte es sich verdreht und dadurch quasi selbst stranguliert, sodass es von der Blutzufuhr abgeschnitten wurde. In der Folge faulte es vor sich hin.

Auch ohne Assistenz war die Tumorentfernung einfacher als gedacht. So konnte der Pudel noch am selben Tag an den Besitzer zurückgegeben werden.

Vier Wochen später begegneten sich der Tierarzt mit seinem Hund und der Pudel mit seinem Herrchen. Dieses Mal gingen sie sich nicht aus dem Weg, sondern sie wollten sich per Handschlag begrüßen. Das war allerdings keine gute Idee.

Kaum hatten sie dafür die Arme ausgestreckt, hatte schon der Pudel den Irish Terrier gebissen. Das war typisch für den braunen Bomber. Wieder ganz der Alte!

Der Hofhund

Fremdenfeindlichkeit hatte der Hofhund bereits als Merkmal in seinen Erbanlagen und der Bauer hatte diese durch Erziehung noch erheblich verstärkt.

Die Hundehütte stand direkt am Eingang zum Stall und die Anbindekette war lang genug, dass der Hund den größten Teil des Hofes damit erreichen konnte. Jeden, den er nicht kannte, fiel er an. Den Tierarzt kannte er zwar, liebte ihn aber nicht gerade. Schon gar nicht, weil dieser ihm alle Jahre eine schmerzhafte Injektion – es war nur eine Schutzimpfung – verabreichte. Sein Herrchen, der Bauer, hatte den Doktor dabei sogar noch unterstützt. Seitdem verzog er sich jedes Mal in die Hütte, wenn das Tierarztauto auf den Hof fuhr.

Dieses Verhalten hatte der Doktor sofort ausgenutzt und fuhr nun immer mit dem Auto so nahe heran, dass der Hund die Hütte nicht mehr verlassen konnte. Diesen Trick erklärte er seiner neuen Assistentin gleich beim ersten Hofbesuch und er funktionierte wunderbar.

Bis ein neues Praxisfahrzeug angeschafft wurde.

Als dieses zum ersten Mal auf den Hof fuhr, benahm sich der Hund so, wie er es für seine Pflicht hielt: Er bellte, sprang das fremde Auto an und spielte verrückt. Die Doktorin fuhr unbeeindruckt bis direkt vor die Hütte und drehte das Fenster ein Stückchen herunter.

Erst jetzt erkannte der Hund die Komplizin des Doktors, bekam es mit der Angst zu tun und wollte so schnell es ging in seine Hütte. Doch das Auto versperrte ihm den Zugang. Ein paar Sekunden lang gönnte sich die Fahrerin den Anblick des gedemütigten Tieres, das unbedingt in sein Heim flüchten wollte, aber nicht konnte. Dann setzte sie den Wagen lächelnd zurück, um ihm die Zuflucht zu ermöglichen.

Von nun an funktionierte der Erkennungssinn des Hundes wieder einwandfrei. Sicherheitshalber sperrten die Tierärzte ihn mit ihrem Auto aber doch lieber wieder ein.

Der Katzenraum im Tierheim

Die Tierarztpraxis auf dem Lande betreute auch das örtliche Tierheim mit seinen Fundtieren. Auch Pensionstiere mussten versorgt werden, besonders während der Ferienzeiten. Dadurch kam die Assistentin mehr mit Kleintieren in Berührung, als es sonst in überwiegend Nutztiere behandelnden Praxen der Fall war.

Die Doktorin war zur Kontrolle im Tierheim, als sie aus einem Katzenraum mit mehreren großen volierenartigen Käfigen ein jammerndes, durchdringendes Miauen hörte. Sofort ging sie in den Raum und machte sich auf die Suche nach der Quelle des Geräusches. Sie fand aber nur lauter zufriedene, vor sich hin dösende Pensionstiere.

Gerade, als sie den Raum wieder verlassen wollte, hörte sie es erneut. Es kam eindeutig nicht aus der Richtung der kurz zuvor kontrollierten Katzen, sondern genau von der gegenüberliegenden Wandseite. Dort standen ein Tisch und drei Schränke. Die Laute von sich gebende Katze musste sich dort versteckt haben oder eingeklemmt sein.

Das gerade verfügbare Personal wurde zum Möbelrücken aktiviert. Von dem gesuchten Tier allerdings keine Spur. Aber auch kein Miauen mehr.

Die Tierärztin war ratlos.

Alle Schränke waren durchsucht und standen bereits

wieder an den gewohnten Plätzen, als das Miauen von Neuem einsetzte. Es kam aus dem großen Vogelkäfig, der neben einem Schrank auf einem kleinen Tischchen stand. Darin saß ganz unaufgeregt ein Graupapagei auf seiner Stange, beobachtete in aller Ruhe die hektischen Aktivitäten um sich herum – und miaute!

Auch er war ein *Urlauber* und logierte nicht zum ersten Mal im Katzenraum. Bei seinem Pensionsaufenthalt im letzten Jahr hatte er hier die Katzensprache gelernt.

Das Wunder

Diese Frau war eine richtige Nervensäge.

Fluchend ging der Dorftierarzt zurück an die durch das Telefon unterbrochene, hochgradig ungeliebte Arbeit zur Vorbereitung seiner Steuererklärung. Ihm erging es nicht anders als den meisten Menschen, die während einer Tätigkeit, die sie nicht gut beherrschen, auch noch gestört werden.

Er konnte zwar verstehen, dass die Frau ihre vor zwei Wochen verschwundene Katze über alles liebte, aber musste sie denn täglich bei ihm anrufen, um nachzufragen, ob jemand die Katze zu ihm gebracht habe? Wie oft hatte er ihr schon gesagt, dass sie sich besser beim Tierschutzverein oder bei der Polizei erkundigen solle, worauf sie jedes Mal antwortete, dass kein Finder auf die Idee käme, eine verletzte oder kranke Katze dorthin zu bringen. Und außerdem würde sie dort ja auch täglich anrufen.

„Da hilft nur noch beten", meinte der Doktor und hatte mit diesem Satz bei der Frau genau ins Schwarze getroffen.

Gleich am nächsten Tag wollte sie mit einem Bild ihrer Katze nach Regensburg fahren. Dort sollte Papst Benedikt XVI bei seinem Deutschlandbesuch eine Messe unter freiem Himmel feiern. Bei der wollte sie dabei sein und beim Segen des Kirchenoberhauptes das

Bild ihrer Katze hochhalten. Als gläubige Katholikin war sie sicher, dass ihr durch den Segen des Papstes ein Zeichen gegeben würde. Alles würde sie akzeptieren, am liebsten natürlich eine gute Nachricht.

Durch die Teilnahme an der päpstlichen Feier fuhr sie in einer nie gekannten Hochstimmung zurück in ihr Dorf. Dort angekommen traute sie ihren Augen kaum: Vor ihrer Haustüre saß ihre Katze und miaute!

Für die Frau war es ein Wunder, für den Tierarzt ein Glück.

Die Flohstichdiagnose

Es geschah in einem Sommer. Der Tierarzt hatte seine Helferin schon in die Mittagspause geschickt und saß am Empfang, um liegen gebliebene Büroarbeiten zu erledigen. Da die Praxistüre noch nicht abgeschlossen war, konnte eine Kundin die Praxis betreten.

Der Doktor kannte die Frau, sie war eine sehr attraktive Mittvierzigerin.

Sie grüßte selbstbewusst und fragte: „Ihre Helferin ist doch schon gegangen, oder? Sind Sie jetzt alleine hier?" Und ohne die Antwort abzuwarten, ging die Dame, wie zur Kontrolle, von einem Praxisraum in den anderen.

Vor lauter Verwunderung kam der Tierarzt gar nicht dazu zu protestieren. Er war total perplex und wusste nicht, was das alles zu bedeuten hatte, zumal sie ohne ihren Hund gekommen war.

Als die Frau wieder vor ihm stand, holte sie tief Luft, schob die Hose bis zu den Knien hinunter und riss ihre Bluse in die Höhe. Der Doktor war völlig fassungslos, als er seine Kundin so sah.

„Sind das jetzt etwa Flohstiche? Schauen Sie sich das mal an!"

Es waren Flohstiche! Typische Flohstiche! Überall jeweils ganz eng beieinanderliegende Bissstellen.

Die Erklärung dafür war recht einfach:

Der Hund der Dame war vom Tierarzt vor einigen Tagen mit einem flohabweisenden Mittel behandelt worden. Da ihre ganze Wohnung aber voller Flöhe war, hatten sich diese ein neues Opfer gesucht.

Der angeschossene Kampfhund

Die Polizei schickte während der Vormittagssprechstunde einen Hilferuf in die Tierarztpraxis. Polizisten hatten nämlich bei einem Einsatz einen Kampfhund angeschossen. Der sollte dort jetzt untersucht, versorgt und aus der Wohnung gebracht werden.

Die Tierärztin war in einer Zwickmühle. Was war jetzt wichtiger? Die drei Patienten im Wartezimmer oder der verletzte Hund? Beim letzten Mal, als sie von der Polizei wegen eines angefahrenen Hundes um Hilfe gebeten worden war, konnte sie die Praxis nicht verlassen, da der Anruf während einer Operation einging. Das hatte die Helferin dem Anrufer auch mitgeteilt.

Im Polizeibericht war dann aber zu lesen, dass erst der dritte angerufene Tierarzt geholfen habe. Die Lokalzeitung wiederum stellte den Sachverhalt noch etwas anders dar: *Zwei Tierärzte verweigern Unfallhund Erste Hilfe.* Wegen dieser Überschrift hatte sie viel Ärger mit ihrer aufgebrachten Klientel gehabt. Richtigstellungen durch Anrufe und Leserbriefe usw. kosteten danach eine Menge Zeit und Nerven.

Soweit wollte es die Tierärztin auf keinen Fall wieder kommen lassen. Daher erklärte sie den wartenden Patientenbesitzern die Notfallsituation, bat um Verständnis und darum, die Praxis zu verlassen. Weil die Dauer des ungewöhnlichen Hausbesuches nicht vorhersehbar war, bot sie als Ersatztermin ihre Nachmittagssprechstunde an.

Zusammen mit ihrer Helferin fuhr die Doktorin zum Ort des Geschehens. Dort erfuhr sie, dass das Einsatzkommando der Polizei auf der Suche nach einem Drogendealer eine Wohnung gestürmt hatte. Nachdem es das Türschloss durch Schusswaffengebrauch zerstört und die Türe aufgebrochen hatte, sei den Polizisten der Hund, offensichtlich ein Kampfhund, entgegengekommen. Von einer Kugel getroffen sei dieser ins Badezimmer geflüchtet.

Der gesuchte Besitzer war nicht zu Hause, hieß es, aber viele Polizisten mit schusssicheren Westen hielten sich noch im Treppenhaus auf. Sie sicherten der etwa 160 cm großen Tierärztin und ihrer 18-jährigen *Azubine* den Weg in die Wohnung im vierten Stock.

In der hintersten Ecke des Badezimmers saß der angeschossene Staffordshire Terrier und schaute die Tierärztin ganz unglücklich an. Diese war erfahren genug, um einschätzen zu können, ob der Hund noch angriffslustig sein könnte oder nicht. Während sie ihm sicherheitshalber einen Maulkorb anlegte, redete sie ganz freundlich auf ihn ein.

Der Hund merkte wohl, dass man ihm helfen wollte, und verhielt sich ganz brav. Die Tierärztin hielt es für das Beste, das Tier für eine angemessene medizinische Versorgung in ihre Praxis zu bringen. Doch zum Aufstehen und zum Laufen war der Hund zu schwach. Deshalb legten sie ihn auf eine Wolldecke, um ihn besser die Treppe hinunter tragen zu können. Allerdings konnte bzw. wollte keiner der am Einsatz beteiligten Polizisten beim Transport helfen. Als Grund wurden Rückenprobleme angegeben.

Vor dem Haus sahen einige Kinder aus der Nachbarschaft den verletzten Hund in der Decke, kamen angelaufen, streichelten ihn und fragten nach dem Sinn des Ledergestells um das Maul.

Schon oft hatten sie mit ihm gespielt, niemals hatte es mit ihm ein Problem gegeben. Das Wort Kampfhund hatten sie noch nie gehört.

Der Tigerkrimi

Der große Zirkus hatte wie jedes Jahr für zwei Wochen seine Zelte in der Stadt aufgeschlagen. Die Zirkusleute, die für die Gesundheit der Tiere verantwortlich waren und eine ortsansässige Tierärztin kannten sich bereits aus den Vorjahren. Die Zusammenarbeit war immer zur Zufriedenheit beider Seiten ausgefallen.

Im jetzigen Fall bat man die Tierärztin um Hilfe, da ein Tiger schwer erkrankt war. Diese fand das Raubtier höchst unruhig und mit offensichtlicher Atemnot vor.

Um den Tiger besser untersuchen zu können, gab sie ihm eine Beruhigungsinjektion. Gleich danach begann zufällig die Pause der laufenden Vorstellung und hiermit verbunden die Tierschau für die Zirkusbesucher. Währenddessen wurde der Tigerkäfig aus verständlichen Gründen mit einer Plane abgedeckt. Nachdem die Besucher zur Fortsetzung des Programms wieder im Zirkuszelt Platz genommen hatten und die Plane wieder entfernt worden war, wollte die Ärztin mit der Untersuchung fortfahren. Doch dazu kam es nicht mehr, denn der Tiger war – tot!

Das war ein Schock für alle. Wie jeder gewissenhafte Mediziner, bei dem etwas nicht wie geplant verläuft, dachte die Tierärztin als Erstes darüber nach, ob sie etwas falsch gemacht haben könnte. Da ihr absolut nichts einfiel, die Mienen der Umstehenden aber

Misstrauen signalisierten, bestand sie darauf, dass das tote Tier in die Pathologie der Universität gebracht würde. Von der pathologischen Untersuchung erhoffte sie sich eine Aufklärung über die Todesursache.

Das Ergebnis war eindeutig: Mit einer Giftspritze in den Brustraum hatte jemand das Tier getötet.

Im Zirkus war die Hölle los. Jeder Mitarbeiter konnte der Mörder sein! Alle wurden vom Zirkusdirektor und seinem Stellvertreter einzeln verhört. Wer sich durch Widersprüche verdächtig machte, dem wurden auch noch die *Daumenschrauben* angelegt.

Schließlich stellte sich heraus, dass der Dompteur der Eisbärennummer, die in direkter Konkurrenz zur Tigernummer stand, die tödliche Injektion gesetzt hatte.

Spätestens zu diesem Zeitpunkt hätte die Tierärztin Anzeige bei der Polizei erstatten müssen. Dass sie es nicht getan hat, konnte sie sich später nur aus der verworrenen Situation heraus erklären.

Außerdem wollten die Verantwortlichen des Zirkus das Verfahren intern regeln. Sie hatten offenbar gute Gründe, die Polizei aus dem Spiel zu halten.

Später erfuhr die Doktorin, dass der geständige Dompteur vom *Zirkusgericht* ein lebenslanges Arbeitsverbot für alle Tierdressuren erhalten hatte.

Mehr brachte die am Tod des Tigers unschuldige Tierärztin nicht in Erfahrung. In den Folgejahren wurde sie auch nicht mehr um Hilfe gebeten.

Die hatten im Zirkus etwas Kriminelles zu verbergen!

Der unfreundliche Dsungare

Zwerghamster sind nicht die natürlichen Freunde von Tierärztinnen und Tierärzten. Eine aus den Steppen Kasachstans und Südsibiriens stammende Art hat auch noch einen besonders kriegerisch klingenden Namen: *Dsungare* oder *dsungarischer Zwerghamster*.

Irgendwie hatte die Doktorin Assoziationen zu Dschingis Khan, als sie die Anmeldung auf ihrer Karteikarte las. Aber egal, zu welcher Art sie gehören, die wenigsten Hamster lieben es, angefasst zu werden. Eine Untersuchung nur mittels Augenschein führt aber in den seltensten Fällen über eine eindeutige Diagnose zu einer korrekten Behandlung.

Es war keineswegs das erste Mal, dass die Tierärztin mit einem Griff so einen kleinen Kerl aus einem Schuhkarton fangen und fixieren wollte. Da man mit einem Lederhandschuh zu wenig Feingefühl in seiner Hand hat, nahm sie einen aus Baumwolle.

Smartie, so hieß das kleine asiatische Ungeheuer auch noch, hatte seine eigene Kampftaktik.

Der Hamster warf sich auf den Rücken und weil ihn das nicht vor dem Zugriff der Doktorin schützte, biss er zu und erwischte den Daumen durch den wenig zweckmäßigen Schutzhandschuh. Ein paar Tropfen Blut, schnell abgewischt – fertig zum zweiten Versuch.

Der nächste Griff saß. Untersuchung und Behandlung wurden durchgeführt. Der Nächste bitte!

Am Abend war es allerdings die Tierärztin selbst, die behandlungsbedürftig war, denn der Daumen schmerzte ganz erheblich. Es pochte darin wie nach einem Katzenbiss (welcher sehr gefürchtet ist und meist zu Komplikationen führt).

Am nächsten Morgen war der Finger dick geschwollen und dunkelrot angelaufen. Die Doktorin schritt, wie es die meisten ihrer Zunft tun, zur Selbsthilfe: zuerst die mit Wundsekret verklebte kleine Wunde öffnen, dann mit Zeigefinger und Daumen der anderen Hand drücken, um Eiter oder anderes Sekret zu entfernen.

Und was geschah? Mit einem Schwupp schoss ein fast kompletter Schneidezahn des asiatischen Kampfhamsters aus der Wunde!

Die Heilung der Wunde verlief daraufhin problemlos.

Der Hamster musste dafür länger warten, bis er wieder normal fressen konnte und ihm seine verloren gegangene Waffe nachgewachsen war.

Die besonderen Plätzchen

Die beiden Damen, die altersmäßig zur 68er-Generation passten, waren dem Tierarzt schon seit Langem bekannt. Es konnte eigentlich nicht sein, dass der seriöse Eindruck, den sie erweckten, nur gespielt war.

Alles an ihnen wirkte konservativ. Beide hatten einen Pudel und in die Praxis kamen sie immer zu zweit. So auch dieses Mal, es war kurz nach Weihnachten, da huschten sie zum Ende der Abendsprechstunde noch herein.

Beide Hunde schwankten, konnten sich kaum auf den Beinen halten. Bei beiden waren die Pupillen maximal geweitet, die Schleimhäute ziemlich blass, die Pulsfrequenz stark erniedrigt und die Temperatur etwas unterhalb der Norm. Irgendetwas hatten beide wohl gefressen oder getrunken, was zu dieser Symptomatik geführt hatte. Der Doktor vermutete zunächst eine Alkoholvergiftung. Ähnliches hatte er schon einmal gesehen.

Doch die Damen versicherten ihm glaubhaft, dass sie zuletzt an Weihnachten eine Flasche Wein und danach nichts Alkoholisches mehr getrunken oder auch nur geöffnet hatten. Da die wahre Ursache im Unklaren blieb, bekamen die Hunde eine den Kreislauf stabilisierende Infusion, worauf sich die Symptome etwas besserten. Kurz vor Mitternacht entließ der Arzt die beiden Tiere in stabilem Zustand. Um 8 Uhr am nächsten Morgen sollten sie zur Kontrolle wieder in die Praxis kommen.

Anstatt der beiden Patienten kam pünktlich um die vereinbarte Zeit ein Telefonanruf.

Das Gespräch zwischen der Gesprächigeren der beiden Damen und dem Tierarzt klang in etwa so:

„Herr Doktor, haben Sie eigentlich Schweigepflicht?"

„Ja selbstverständlich!"

„Das Ganze hat sich nämlich aufgeklärt."

„Wie geht es denn den Hunden?"

„Die sind wieder normal. Sie haben wirklich Schweigepflicht?"

„Selbstverständlich."

„Ok. Vor Kurzem haben wir Plätzchen gebacken. Einige davon sind wohl nicht so gut geraten und wir haben sie deshalb auf dem Kompost entsorgt. Dort sind sie jetzt aber nicht mehr, vermutlich haben die Hunde sie gefressen."

„Aber davon werden die Hunde doch nicht krank!"

„Tja, aber, wie soll ich sagen …" Die Anruferin druckste herum. „Es waren keine gewöhnlichen Weihnachtsplätzchen. Es waren, nun ja, …Haschischplätzchen!"

Die Bilche

Bilche, auch Schlafmäuse genannt, sind hörnchenähnliche Tiere. Der bekannteste Vertreter ist der Siebenschläfer. Sie leben überwiegend in Bäumen, nisten sich aber auch schon mal in alten Häusern ein. Bei der Kundin eines Landtierarztes lebten sie unter dem Dach.

Die Frau wusste noch von ihrer Mutter, dass Meerschweinchen – insbesondere wenn sie mit Kaninchen zusammengehalten werden – durch ihre quiekenden Laute Ratten vertreiben. Vielleicht verscheuchen sie auch die Bilche, dachte sie sich. Also schaffte sie sich ein halbes Dutzend Meerschweinchen an und richtete ihnen auf dem Speicher ein Gehege ein.

Den Meerschweinchen ging es gut, vielleicht zu gut, denn sie waren so ruhig, dass sich die Bilche durch deren seltene Laute nicht gestört fühlten. Andererseits hatten die neu Zugezogenen das Territorium der Bilche auf dem Speicher erheblich verkleinert. Ihre territoriale Integrität war somit verletzt worden. Deswegen setzten die Bilche biologische Kampfwaffen ein, sozusagen, und verseuchten die Meerschweinchen mit Milben. Die neuen Mitbewohner litten danach unter starkem Juckreiz und Haarausfall. Aus diesem Grund kam die Frau mit ihnen in die Praxis.

Bei der Behandlung des ersten Meerschweinchens gab es ein Geschrei und Gequietsche in einer Lautstärke, wie es sich die Frau auf dem Dachboden gewünscht hätte. Der in die eigentliche Problematik eingeweihte Tierarzt und die Besitzerin der Patienten entwickelten daher zusammen einen Plan:

Die etwa viertelstündige Behandlung der übrigen fünf wurde mit einem Kassettenrekorder aufgenommen. Danach wurden die nachtaktiven Bilche mit dieser Aufnahme mehrmals am Tag während ihrer Schlafphase beschallt.

Was geschah? Nach einer Woche zogen die Bilche genervt aus, ein eindeutiger Fall von bösartiger Entmietung. Ob ein Tierschutzverein Anzeige erstattet hat, ist bis heute nicht bekannt.

Die zwei Rehpinscher

Pharao hieß der Rehpinscher, den der Haustierarzt nach langer, schwerer, *mit wenig Geduld* ertragener Krankheit einschläfern musste. Die Besitzerin ließ sich daraufhin von ihrem Doktor in allen Einzelheiten darüber aufklären, welche Möglichkeiten der Bestattung es für ihren Pharao gab. Letztendlich entschied sie sich für eine Erdbestattung auf dem Grundstück einer Bekannten. Ihr Mann schaufelte eine metertiefe Grube und der Hund wurde darin begraben.

In der darauffolgenden Nacht änderte sie ihre Meinung bezüglich des Grabes. Keine Minute konnte sie schlafen bei dem Gedanken, dass ihr Pharao ganz allein auf diesem Grundstück liegt. Auch war sie sich seit der Beerdigung der Gewogenheit ihrer Bekannten nicht mehr ganz so sicher. Vielleicht würde …

Ihre neue Entscheidung war, dass das Tier eingeäschert werden sollte.

Ihr Mann musste den Hund wieder ausbuddeln. Den mit Erdkrümeln verschmutzten, steifen Hund brachte er zurück in die Praxis. Das Tierkrematorium sollte die Leiche beim Doktor abholen.

Pharaos Urne bekam einen Ehrenplatz im Wohnzimmer der Familie.

Timmy hieß ihr zweiter Rehpinscher, den sie sein Leben lang von demselben Tierarzt betreuen ließ. Fast vierzehn Jahre später brachte sie ihn wegen Altersschwäche zum Einschläfern. Der Entschluss, den Hund auch einäschern zu lassen, stand von vornherein fest. Deshalb ließ sie die Tierleiche gleich in der Praxis. Der Tierarzt lagerte sie vor der Abholung durch das Krematorium, gut eingepackt, in seiner eigens für solche Zwecke angeschafften Tiefkühltruhe.

Am nächsten Tag rief die Frau völlig aufgelöst in der Praxis an und berichtete der Tierarzthelferin schluchzend, dass sie seit gestern ihr ganzes Haus durchsucht, aber nirgends ein Foto von Timmy gefunden habe. Sie sollten ihn doch bitte noch fotografieren.

Tiefgefrorene Hunde sind leider hochgradig entstellt.

Eine echte Herausforderung für das Team um den Doktor. Mit Hilfe eines Föhns gelang es, den Körper soweit aufzutauen, dass die Helferin ihre maskenbildnerischen Fähigkeiten voll zur Geltung bringen konnte.

Das Foto gelang zur Zufriedenheit der Auftraggeberin und die Kaffeekasse der Helferinnen konnte sich mal wieder richtig freuen.

Die Zitzenamputation

Feierabend. Über den Sinngehalt dieses schönen deutschen Wortes dachte der Tierarzt gerade nach, als er sich sein Feierabendbier in den Krug einschenkte.

Seine Kunden, die Bauern, machten sich darüber aber offensichtlich keine Gedanken. Wenn sie einen Tierarzt brauchen, dann hat der zu kommen, egal an welchem Tag und zu welcher Uhrzeit. Das hatte sich seit Generationen so eingebürgert.

Auch an diesem Abend wurde sein Einsatz verlangt.

Leichtsinn und Selbstüberschätzung der Tierhalter, gepaart mit Geiz, führten in diesem Fall zu einem Noteinsatz, der vermeidbar gewesen wäre.

Das Bier landete im Ausguss, die Stiefel standen sowieso bereit und schon war der Praxiswagen zum Hausbesuch gestartet, um einem blutenden Rindvieh zu helfen. Das lag am Eingang zum Stall auf dem Rücken. Der Bauer und seine drei Söhne, Kerle wie Baumstämme, hielten es in dieser unnatürlichen Lage, indem jeder eins der hochragenden Beine festhielt. Kaum zu glauben, wie viel Kraft nötig gewesen sein musste, um das Tier in diese Position zu bringen.

Der Bauer deutete mit dem Kopf auf das sich entwickelnde Euter der Färse, das noch leicht blutete, aber bereits eine beachtliche Blutlache auf dem Stallboden hinterlassen hatte. Die Jungbauern vermieden Blickkontakt mit dem Tierarzt. Eine genauere Untersuchung war bei der hereinbrechenden Dunkelheit erst mit Hilfe einer transportablen 60-Watt-Stalllampe möglich. Allmählich konnte der Doktor rekonstruieren, was hier vor sich gegangen war:

Die Bauernsöhne wollten bei der jungen Kuh, so wie sie es in einer landwirtschaftlichen Fachzeitung gelesen hatten, zwei Beistriche entfernen. Das sind funktionslose, wie kleine Zitzen aussehende Gebilde am Euter, die beim Melken später stören konnten. Ein scharfes Messer, ein schneller Schnitt, Abbinden des blutenden Stumpfes mit Wurstgarn – so wollten sie es machen. Wegen der schlechten Beleuchtung im Stall hatten sie aber eine richtige Zitze erwischt und die Wunde blutete daraufhin so stark, dass sie es mit der Angst zu tun bekamen.

Für den ungeliebten, weil zu teuren, Viehdoktor war diese Situation ein gefundenes Fressen. Wenn Menschen ein schlechtes Gewissen haben, kann man ihnen Dinge sagen, was man sich sonst niemals trauen würde.

Das musste diesmal sein, auch wenn die Burschen danach traumatisiert sein würden. Diese Standpauke sollten sie ihr Leben lang nicht vergessen. Schließlich waren sie für die Tierquälerei und die Verletzung der Färse verantwortlich.

Die Tierkörperbeseitigung

Der Praxisinhaber war am Vortag in Urlaub gefahren und hatte die Praxisführung seinem Assistenten übergeben.

Die ersten Tage nach der Abreise sind für einen Vertreter meist sehr stressig, weil die Kunden sich noch nicht darauf eingestellt haben, dass der Chef verreist ist. Zunächst muss er das Vertrauen der Kunden gewinnen. Mit Worten und Taten kann er beweisen, dass auch er sein Handwerk versteht. Nun hatte es der junge Doktor gleich mit einer außergewöhnlichen Situation zu tun.

Mit viel Zeit und Einfühlungsvermögen hatte er es geschafft, eine Pudelbesitzerin davon zu überzeugen, dass man ihrem geliebten Tier nicht mehr helfen konnte.

Nach der Einschläferung konnte sich die verweinte Dame nicht so schnell entscheiden, was mit dem toten Hund geschehen sollte. Zunächst einmal wollte sie ihn in der Praxis lassen, um zu Hause mit ihrem Mann eine gemeinsame Entscheidung zu treffen. Telefonisch teilte dieser etwas später der Tierarzthelferin mit, dass er den Hund abholen und im Garten begraben wolle.

Am Ende des Arbeitstages kam der Doktor in den Raum, in dem sie stets die toten Tiere ablegen, bevor diese in den Kühlraum im Hinterhof gebracht werden.

Der Pudel war bereits abgeholt worden, aber auch die

Katze, die nach einem Unfall verendet war, war ver-
schwunden!

Die Helferin war vor Schreck sprachlos, als der Assistent fragte, wo denn die Katze abgeblieben sei. Sie
hatte beide Tiere zusammen in einem großen Müllsack
gelagert und in der Hektik des Tages nicht noch einmal hineingeschaut, als sie dem Besitzer des Pudels den
Sack ausgehändigt hatte.

Sofort wollte sie ihren Fehler wiedergutmachen und
griff bereits zum Telefon.

„Nein", schaltete sich der Doktor schnell ein, „wir
warten erst mal die Beerdigung ab."

Am nächsten Morgen rief er bei den Leuten an, um
scheinheilig zu fragen, ob sie den Pudel schon begraben hätten. Als die Frage bejaht wurde, war klar, dass
sie den Müllsack mit Hund und Katze vergraben hatten.

Die Gebärmutterverdrehung

An Sonn- und Feiertagen überlassen Praxisinhaber gerne ihren Assistenten die Praxis. Eine Angewohnheit, mit der sich kaum ein Bauer anfreunden kann oder will. Bevor der Assistent einen Fall übernehmen darf, vergewissert er sich daher mehrmals telefonisch, ob der Chef auch wirklich nicht kommen kann.

Obwohl es dringend war, durfte der *Gehilfe*, wie ein Allgäuer Bauer den jungen Tierarzt abschätzig zu nennen pflegte, an jenem Tag auch erst nach dem zweiten Anruf kommen.

Laut Landwirt „hatte es die Kuh nicht so recht.“

Die genaue Diagnose lautete: Gebärmutterverdrehung. Eine Rückverlagerung des Uterus konnte sich schwierig gestalten und lange dauern. Nach mehreren vergeblichen Versuchen, ständig den skeptischen Blicken des Bauern ausgesetzt, erinnerte sich der junge Doktor an einen Tipp seines Chefs:

Die kräftigste anwesende Hilfsperson, in diesem Fall der Bauer selbst, sollte sich mit dem Rücken zur Kuh seitlich an deren Flanke hinstellen, dann in die Knie gehen und mit dem Gesäß und dem Rücken von unten gegen den Bauch der Kuh drücken. Während der Tierarzt versuchte, die Gebärmutter mit dem Arm in der Kuh aufzudrehen, sollte der Bauer durch rhythmisches Drücken gegen die Bauchwand das Aufdrehen erleichtern.

Die Bäuerin übernahm nun den Schwanz des Rindviehs und hielt ihn zur Seite. Der Tierarzt steckte mit ganzem Arm schwitzend in der Kuh und der Bauer begann zu schwingen. Den Takt gab der Doktor vor und er feuerte seinen Mitstreiter an. Fast war es geschafft, als er noch einmal vollen Einsatz verlangte.

Das war für die arme Kuh zu viel! Sie ließ sich fallen – und landete auf dem Bauern.

Ein ersticktes Stöhnen drang bis zum Doktor, der – noch den Arm in der Kuh – auf der Bäuerin in der Kotrinne landete. Die Bäuerin schrie in den höchsten Tönen nach Jesus, der Tierarzt riss seinen Arm aus der Kuh und der Bauer verlangte japsend, sein Rindvieh mit dem Elektroschocker zum Aufstehen zu bewegen. Der Tierschutz schien ihm in diesem Moment egal, was durchaus nachzuvollziehen war.

Als die Kuh endlich wieder stand, war die Verdrehung beseitigt, der Bauer schnaufte immer noch schwer und seine Frau? Zum ersten Mal sprachlos.

Dreckig und grinsend, verließ der junge Doktor den Hof.

Der Bauer und seine Frau brauchten Monate, um dieses traumatische Erlebnis zu verarbeiten. Danach durfte auch der *Gehilfe* den Hof wieder betreten.

Die Klapperschlange

Reptilien sind in Kleintierpraxen eher seltene Patienten. Seit einiger Zeit sind sie aber etwas häufiger vertreten. Es gibt sogar schon Fachtierärzte für Reptilien.

Einen ganz außergewöhnlichen Fall erlebte eine Tierärztin, die früher noch nie Kontakt zu Schlangen hatte, schon gar nicht zu Giftschlangen.

Begeistert war sie daher nicht, als ein junger Mann sie um einen kurzfristigen Termin für seine Zwergklapperschlange bat. Diese sei in einem Totenschädel aus Plastik – den man gerne zur *geschmackvollen Schreibtischdekoration* verwendet – eingeklemmt. Schon häufig sei die etwa 50 cm lange, daumendicke Schlange ohne Probleme durch den in ihrem Terrarium stehenden Schädel gekrochen, was besonders seine Gäste immer wieder fasziniert habe, berichtete er.

Etwas später brachte er die Schlange mitsamt dem Schädel in einem Koffer in die Praxis. Vorsorglich zogen sich Tierärztin, Helferin und Besitzer lange, dicke Lederhandschuhe an. Zwar sind Bisse von dieser Schlangenspezies nicht tödlich, dafür aber sehr schmerzhaft und mit einer erheblichen Gewebezerstörung an der Bissstelle verbunden.

Nach Öffnung des Koffers konnte die Doktorin erkennen, warum die Schlange feststeckte: Sie hatte, wie der Besitzer bestätigte, kurz vorher eine Maus gefressen. Etwa 15 cm der Schlange schauten schon aus dem Schädel heraus, dahinter steckte sie fest. Dort war die noch unverdaute Beute gut zu erkennen. Die Schlange hatte ihr Maul geöffnet, die Giftzähne ausgeklappt und versuchte nach allem zu schnappen, was in ihre Nähe kam. Gleichzeitig betätigte sie ihre Schwanzrassel, ein Verhalten, was Klapperschlangen zur Erzeugung von Warnlauten angeboren ist.

Nach einer kurzen Beobachtungszeit schaffte es die Tierärztin, der Patientin ein Plastikröhrchen über den Kopf zu stülpen und mit Pflaster hinter dem Kopf zu befestigen. Während die Helferin den Kopf und den Schwanz der Schlange fixierte, befreite die Doktorin diese mit einer Säge aus dem Werkzeugkasten ihres Mannes aus ihrer misslichen Lage, indem sie den Plastikschädel zerteilte.

Mit dem Kopf im Röhrchen – dies sollte der Besitzer später zu Hause entfernen – legten sie die Schlange zurück in den Koffer.

Der Schädel blieb als Trophäe in der Praxis.

Die Schnappschildkröte

Wenn an Sonntagen das Telefon klingelte, dann war die Frau des Tierarztes die erste Instanz, die entschied, ob ein Notfall vorlag oder nicht.

So war es auch, als ein Tierbesitzer anrief und berichtete, dass eine seiner Schildkröten, eine Schnappschildkröte, während der Fütterung aus lauter Gier das Schwimmthermometer ihres Aquariums heruntergeschluckt hatte. Zunächst fühlte sie sich veräppelt, da sie nicht wusste, dass diese Schildkrötenart ein etwa 15 cm langes Thermometer problemlos verschlingen kann. Diese gehört nämlich zu den Alligator-Schildkröten, die bis zu 30 kg schwer werden können und zu den Allesfressern zählen. Allerdings reicht es nicht zum Verdauen von Glas. Das war dem Halter, der – wie viele jugendliche Reptilienhalter – extravagant gepierct und tätowiert war, natürlich klar. Daher brachte er das Tier voller Sorge in einer Transportbox für große Hunde in die Praxis.

Ein Riesenvieh, das bei jeder Annäherung seinem Namen alle Ehre machte. Obwohl die Schildkröte sehr schnell war und mit einem unglaublich langen Hals nach allem schnappte, gelang es dem Tierarzt mit Hilfe des Besitzers, das Tier zu bändigen. Sie fertigten sogar eine Röntgenaufnahme an, als das Monster sich gerade in einem Handtuch verbissen hatte. Was man erkennen konnte, war unglaublich: Das Thermometer war nicht zerbrochen und auf der Quecksilberskala konnte man quasi die Körperinnentemperatur ablesen.

Sämtliche Versuche, den Fremdkörper zum Verlassen des Körpers zu bewegen, scheiterten. Von der Fütterung mit Sauerkraut bis zum oralen Verabreichen von Paraffinöl und anderen Mitteln, keine Maßnahme hatte Erfolg.

So musste schließlich der mit Reptilien erfahrene Direktor eines nahegelegenen Zoos, ebenfalls Tierarzt, das Thermometer chirurgisch entfernen.

Bei dieser skurrilen Operation hätte der Kleintierpraktiker gerne zugeschaut.

Die Geschichte von Meica

Meica macht das Würstchen, dieser Werbeslogan war ein Ohrwurm. Natürlich kannten ihn auch die Kinder eines Reitstallbesitzers, der schon lange mit der hiesigen Tierärztin – Majka war ihr Name – befreundet war.

An einem außergewöhnlich warmen Sommertag kam die Doktorin auf den Pferdehof, wo sie von den beiden Kindern, Jessica und Johann, freudig begrüßt wurde. Jessica wollte einen Witz machen und fragte sie: „Majka, machst *du* die Würstchen?"

„Würstchen mache ich schon lange nicht mehr. Ich mache jetzt das Wetter!"

„Das Wetter?"

„Ja, schau doch, wie schön es ist! Jetzt muss ich aber an die Arbeit!"

Für diesen Tag hatte sich die Pferdetierärztin eine Menge vorgenommen. Alle Untersuchungen und Behandlungen würden sicher einige Stunden dauern.

Während sie mit Hilfe des Vaters der Kinder einem Tier nach dem anderen eine Blutprobe entnahm, Herz und Lunge abhörte, das Gebiss untersuchte oder fällige Jahresimpfungen verabreichte, fing es an zu regnen. Zuerst nur ein paar Tropfen, kurz danach schüttete es bereits wie aus Kübeln. Es blitzte und donnerte und von den Dächern flossen wahre Sturzbäche, als sie die letzten Pferde zurück in ihre Boxen gebracht hatten. Mittlerweile waren die Hagelkörner groß wie Taubeneier; auf dem Wellblechdach verursachten sie ein Geräusch wie ein Maschinengewehrfeuer. Alle, besonders die Kinder, starrten mit weit aufgerissenen Augen auf den Hof, eine unter Wasser stehende Kraterlandschaft mit reißenden Bächen.

Dann war es endlich vorbei. Die Furcht vor den Blitzen und möglichen Folgen war aus den Augen der Kinder gewichen, als Johann, der frechere der beiden meinte: „Majka, du solltest doch lieber wieder Würstchen machen!"

Die Wunderspritze

Ein älterer, offensichtlich gehbehinderter Herr ging mit seinem Rauhaardackel in die Tierarztpraxis. Mühevoll öffnete er die Tür und nahm im Wartezimmer Platz. Der Hund wich nicht von seiner Seite. Als er zur Behandlung aufgerufen wurde, konnte er nur unter Anstrengung aufstehen.

Die Untersuchung seines Dackels ergab, dass die Lendenwirbelsäule auf Berührung, insbesondere auf Druck, sehr schmerzhaft war. Der Einfachheit halber erklärte die Tierärztin dem Besitzer, dass sein Hund einen Hexenschuss habe.

Darauf der Mann mit bemerkenswert vitaler Stimme: „Wie der Herr, so's Gescherr." Dann folgte mit vielen Worten und in extremer Lautstärke – wie Schwerhörige üblicherweise reden – seine ganze Krankheitsgeschichte. Tägliche Spritzen hatten ihm bisher keinerlei Besserung gebracht und nun wollte die Tierdoktorin bei seinem armen Dackel, der noch nicht mal krankenversichert sei, die gleiche Behandlung durchführen.

„Das ist alles für die Katz", wiederholte er mehrfach während der Besprechung.

Schließlich ließ er es doch zu, dass sein Hund eine Injektion bekam. Ohne Hoffnung auf Besserung ging er bedrückt nach Hause.

Zur Nachuntersuchung und weiterer Behandlung

sollte der Herr nach zwei Tagen noch einmal in die Praxis kommen.

Bei seinem zweiten Besuch war das Wartezimmer gut gefüllt. Dem Dackel schien es wieder gut zu gehen, denn er konnte, da nicht angeleint, alle wartenden Hunde und Zweibeiner – von einem zum anderen wuselnd – freudig begrüßen.

Seinem Herrchen ging es aber offenbar immer noch nicht besser. Seiner Stimme fehlte es jedoch nicht an Kraft, als er durch die Praxis brüllte: „Ich will auch so eine Spritze wie mein Hund!"

Diese Forderung wiederholte der Herr noch einmal im Behandlungszimmer, als die Nachuntersuchung seines Dackels beendet war.

Das ließ sich die Tierärztin nicht zweimal sagen. Mit wenigen Handgriffen hatte sie zum Schein eine Injektion vorbereitet und bat den vorlauten Mann, sich freizumachen. Damit hatte dieser nicht gerechnet. Scheinbar schlagartig schmerzfrei verließ er, so schnell er konnte, mit seinem Hund die Tierarztpraxis.

Das Wartezimmer

Im Wartezimmer einer Tierarztpraxis spielen sich manchmal Geschichten ab, die man nicht für möglich hält. Tierärztin oder Tierarzt bekommen sie, da selten im Wartezimmer anzutreffen, meistens von den Helferinnen erzählt. In diesem Fall war der Doktor selbst Zeuge.

Zur selben Zeit saßen dort ein Mann mit einem großen Dobermann-Rüden und eine etwa zehnjährige Schülerin aus der Nachbarschaft mit einem Wellensittich. Den unruhigen Sittich hielt das Mädchen mit beiden Händen fest, da sie keinen Transportkäfig dabei hatte.

Als der Doktor die Tür zum Wartezimmer öffnete und die berühmten Worte *Der Nächste bitte* sagte, zappelte sich der Wellensittich frei und flog dummerweise so nah am Dobermann vorbei, dass dieser ohne Mühe mit einem *Schnapp* den Vogel fing – und sofort verschlang. Übrig blieben nur ein paar Federn, die der Dobermann wieder herauswürgte.

Während das Mädchen vor Schreck nicht mal schreien konnte und den Hund ganz entgeistert anstarrte, griff der Mann in seine Hosentasche, holte aus einem Packen von Geldscheinen 20 DM heraus und übergab sie der Schülerin mit den Worten: „Da, kauf dir 'nen Neuen!"

Daraufhin ging er mit seinem Hund ins Behandlungszimmer, da er der Nächste war.

Der Doktor wollte das Mädchen trösten, ging vor ihm in die Hocke und streichelte ihm über die Wange. Dabei erzählte ihm die Kleine, dass sie den Vogel gerade draußen gefunden habe und ihn eigentlich dem tierlieben Arzt schenken wollte.

Hunde sind von Natur aus ohne Empathie, diese ist vielmehr ein evolutionäres Erbe des Menschen. Das wusste der Doktor, er wusste aber auch, dass sie ein gewisses Maß an Mitgefühl durch Abschauen lernen können. Doch der Dobermann hatte niemanden, bei dem er es hätte abschauen können.

Der tote Pudel

Mitten in der Nacht erschien ein Mann unangemeldet mit seinem Pudel auf dem Arm beim Notdienst der Tierklinik. Für den diensthabenden Tierarzt bedurfte es keiner Untersuchung, um auf den ersten Blick schon zu erkennen, dass der Hund bereits tot war. Der Besitzer des Tieres hatte es jedoch offensichtlich noch nicht begriffen.

Die Totenstarre schien er in seinem Schockzustand nicht wahrnehmen zu können.

Verfolgt von den ungläubigen Blicken des Doktors und seiner Helferin versuchte der Mann, den Hund auf den Behandlungstisch zu stellen. Das gelang ihm tatsächlich dadurch, dass er die steifen Beine, den Kopf, den Hals und den ganzen Rumpf nach und nach so zurechtbog, dass die Leiche wie ein Sägebock stehen blieb.

„Jetzt sind Sie dran!", sagte er zum Tierarzt, der zunächst vergeblich im Raum nach einer versteckten Kamera Ausschau gehalten hatte. „Tun Sie endlich was!", ergänzte der Mann noch.

Dem Doktor wurde klar, dass er nicht dem toten Hund, sondern dem verwirrten Besitzer helfen musste. Wie aber sollte er ihm beibringen, dass sein Pudel bereits gestorben war?

Jetzt war sein Einfühlungsvermögen gefragt und intuitiv tat er genau das Richtige.

Wortlos nahm er den aufgestellten Leichnam und legte ihn auf die Seite. Dann schaute er abwechselnd den Mann und den Hund an. Schließlich nahm er die Hand des Mannes und legte diese auf den kalten Tierkörper. Ganz ruhig beobachtete er die Reaktion des Mannes und wartete darauf, dass dieser die Realität erkannte.

Es dauerte ein paar Minuten bis sein *Patient* die Sprache wiedergefunden hatte und stammelte: „Der ist ja wirklich tot!"

Die kesse Bäuerin

Die Bäuerin war sich ihrer Attraktivität durchaus bewusst. Immer hatte sie Rouge aufgelegt, wenn der Tierarzt auf den Hof kam. Ob sie es wegen seiner Person tat, das wusste der Doktor nicht.

Bevor sie damals auf dem Hof einheiratete, hatte sie in einer Kleintierpraxis als Tierarzthelferin gearbeitet. Das qualifizierte sie jetzt natürlich als persönliche Gehilfin des Viehdoktors. Nur sie durfte ihm während der Untersuchungen und Behandlungen assistieren, das ließ sie sich nicht nehmen. Der Bauer hatte auch nichts dagegen, im Gegenteil, so erfuhr er immer aus erster Hand, was der Tierarzt gemacht hatte und was als Nächstes anstand. Ihre abendlichen Dialoge darüber lockerten den Alltag auf.

Im Sommer zeigte sich die Landwirtin stets luftig bekleidet, aber niemals aufreizend. Sie wusste genau, was sie gekonnt verstecken wollte.

In der kalten Jahreszeit fiel es ihr schwerer, ihre Reize zur Geltung zu bringen. Dafür wurden ihre Sprüche dann umso kesser.

Als bei einer ihrer Kühe an einem kalten Wintertag die Nachgeburt abgenommen werden musste, war sie – wie immer – hilfsbereit zur Stelle. Während sich der Doktor noch die kalten Hände rieb, bevor er den Untersuchungshandschuh überstreifte, stand sie bereits links neben dem Hinterteil der Kuh. Mit der einen Hand hielt sie den Kuhschwanz zur Seite und als der Arzt hinzutrat, spreizte sie mit Zeigefinger und Daumen der anderen Hand die Schamlippen und meinte: „Herr Doktor, kommen Sie doch ins Warme!"

Der Schlangenbesitzer

Reptilienhalter sind wegen ihrer speziellen Allüren eine ganz besondere Klientel in der Tierarztpraxis. Davon kann jeder Kleintierpraktiker ein Lied singen. In diesem Fall war eine Tierärztin das *Opfer*.

Ein Schlangenbesitzer rief mitten in der Nacht die Notrufnummer einer Tierarztpraxis an und wollte Laborergebnisse von seiner Schlange erfahren.

Da die Tierärztin den Fall nicht kannte, entschuldigte sie sich schlaftrunken dafür, dass jemand aus der Praxis es wohl versäumt hatte, ihm die Ergebnisse zu übermitteln.

Gleich am nächsten Tag werde der mit dem Fall beschäftigte Kollege das nachholen und deshalb fragte sie nach seinem Namen.

Nein, er sei gar nicht in der Praxis gewesen, er habe den Kot selbst an das Labor geschickt! Bis heute habe er keinen Befund erhalten. Als Tierärztin bekäme sie den sicher problemlos schneller übermittelt.

Hilfsbereit, wie sie war, wollte sie, trotz nächtlicher Stunde, den Namen des Labors erfahren.

Nein, der Name fiele ihm nicht mehr ein, aber die Tierärztin müsse den doch wissen!

Sie erklärte ihm geduldig, dass es in Deutschland viele unterschiedliche Labors gäbe und wenn er den Namen nicht mehr wisse, dann müsse er jetzt einfach warten, bis der Befund käme. Mit diesem solle er dann in die Praxis kommen, um das Ergebnis zu besprechen.

Nein, das sei ganz unmöglich, schließlich wohne er über 500 km weit weg, aber er habe gehört, dass in ihrer Praxis Schlangen besonders gut therapiert würden.

Daraufhin meinte die – trotz der einschleimenden Worte – immer noch freundliche Doktorin, er könne den Befund auch faxen und bekäme die Auswertung mit der Rechnung dann zugestellt.

Nein, so hätte er sich das nicht vorgestellt, schimpfte er. Eine Rechnung zu schreiben, ohne etwas geleistet zu haben, das sei ja wohl unverschämt, meinte er und legte auf.

Zwei Tage später rief er wieder mitten in der Nacht an, um der Ärztin mitzuteilen, dass im Kot seiner Schlange Salmonellen gefunden worden seien.

Da war sie dann nicht mehr so freundlich gestimmt und beendete die *Fernkonsultation* ohne ein einziges Wort.

Die Schweinebäuerin

Auf einem Bauernhof, oh Graus,
brach eine Schweinekrankheit aus.
Die Bäuerin, die war recht helle,
sie rief den Tierarzt auf der Stelle,
der müsste doch die Krankheit kennen
und ihr ein gutes Mittel nennen.
Fürwahr, die Ringelschwänzchen hingen,
die musste er nach oben bringen.
Ein Pülverchen, man konnte es sehen,
brachte Schwänzchen wieder
schnell zum Stehen.
Die Bäuerin dachte an ihren Mann,
da fing die Krankheit auch schon an.
Und sagte bei sich, das muss nicht sein,
umwidmete Pülverchen vom Schwein.
Der Mann spürte wieder neue Kraft
und glaubte, es wäre vom Gerstensaft.
Der Bäuerin war das egal,
vertraut dem Tierarzt ihrer Wahl.

Der Grüne Leguan

Die wenigsten Tierärztinnen oder Tierärzte sind mit Leguanen vertraut. Dennoch kommt es immer wieder vor, dass ein solches Schuppenkriechtier in der Praxis vorgestellt wird. Wenn der nicht spezialisierte Veterinär erkennt, dass es sich um eine nicht alltägliche Erkrankung handelt, veranlasst er eine Überweisung zu einem Fachtierarzt für Reptilien.

In diesem Fall sollte die Tierärztin lediglich die Krallenspitzen ein wenig zurückschneiden. Eine ausreichende Abnutzung dieser wie Spikes wirkenden Zehennägel findet nämlich im Terrarium nicht statt, da Bäume wie in der Natur zum Klettern und Bewohnen fehlen.

Wenn sich Leguane bedroht fühlen, fauchen sie oder schlagen mit dem Schwanz und nur in der schlimmsten Notwehr beißen sie auch zu. Sie besitzen Dutzende von scharfen Zähnen, mit denen sie Blätter *perforieren*, um sie danach leichter abreißen zu können. Alle Zähne befinden sich in einem ständigen Umbauprozess. Jeder verloren gegangene Zahn wird umgehend erneuert.

Bei der *Pfotiküre* blieb dem Tier keine andere Wahl als zuzubeißen. Der Zeigefinger der Doktorin blutete heftig.

Bisswunden solcher Art werden in der Tierarztpraxis unmittelbar selbst versorgt.

Die Wunde heilte gut. Den verbliebenen kleinen Knubbel hielt die Ärztin für eine verstärkte Narbenbildung. Er störte sie kaum.

Wie es der Zufall wollte, wurde sie fast ein Jahr später von einem Papagei an genau der gleichen Stelle gezwickt. Obwohl die Haut nur gequetscht war, führte die Verletzung zu einer Entzündung. Nach einigen Tagen öffnete sich die Haut, eiterte und beim Drücken auf den Finger flutschte ein Stückchen von einem Leguan Zahn heraus.

Diesmal heilte die Wunde komplikationslos ohne Knubbel ab.

Der seltsame Bauernhof

Auf diesem Bauernhof war alles anders. Nicht, weil der Bauer eher dürr und mickrig, dafür aber seine Frau umso dicker und größer war, nein, solche und ähnliche Konstellationen findet man auf dem Lande öfter.

Der Bauer war zudem noch kauzig, redete wenig und man konnte sich kaum vorstellen, dass er das Dorf und den geerbten Hof jemals verlassen hatte. Doch als er bei einem Routinebesuch seines Tierarztes hörte, dass der Doktor in Lappland Urlaub gemacht hatte, da taute er auf und erzählte aus seinen Jahren der Wanderschaft in Skandinavien. Er kannte alle Orte, die die Tierarztfamilie gerade besucht hatte und berichtete von seinen damaligen Erlebnissen und Abenteuern. Keiner hatte ihm das zugetraut.

Dieser Hof war außerdem so besonders, weil es dort überdurchschnittlich oft zu Geschehnissen kam, die einen staunen ließen.

Die Bäuerin war besonders mit dem Mund gut zu Fuß und besaß eine große Portion Bauernschläue. Wenn z. B. Kühe vom Metzger abgeholt werden sollten, so wurde der Tierarzt einmal zufällig Zeuge, wurden sie vorher noch ausgiebig getränkt (was sich günstig auf den Schlachtpreis auswirkt), dann auf dem Hof im Beisein des Metzgers gewogen und auf den Viehanhänger verladen.

Einmal musste der Doktor auf dem Hof per Kaiserschnitt ein lebendes, aber nicht lebensfähiges Kalb mit doppelt ausgebildeter Halswirbelsäule und mit zwei Köpfen unter den *fachkundigen* Kommentaren und mit Assistenz der Bäuerin zur Welt bringen.

Das dritte außergewöhnliche Erlebnis hatte der Doktor, als er zu einer Behandlung auf den Hof fuhr. Der Bauer schien ihn schon zu erwarten, denn er stand neben einer großen Plane, unter der der Tierarzt ein totes Tier vermutete. Das machte man früher häufig so, als es noch keine Container zur Lagerung von Tierleichen gab. Umso entsetzter war der Doktor, als er unter der Plane die bewusstlose Bäuerin liegen sah.

Der Bauer stotterte: „Sie hat den Flattermann gemacht!"

Was er konkret damit meinte, war nicht klar, jedoch erkannte der Tierarzt sofort, dass sie noch atmete. Mitten auf dem Hof war sie wohl zusammengebrochen und der Bauer hatte sie wegen ihres enormen Gewichts nicht vom Fleck bewegen können. Nachdem er den Notarzt angerufen hatte, nahm er die Plane und deckte sie zu, damit sie wenigstens vor dem Sonnenlicht geschützt war.

Sie überlebte allerdings nur, weil der Tierarzt vor dem Notarzt zur Stelle war und Erste Hilfe leisten konnte.

Die geheimnisvollen Pudel

Zwei weibliche Pudel brachte eine Frau in die Praxis einer Tierärztin. Eine von den beiden Hündinnen habe gestern drei Welpen geboren, sie wisse aber nicht welche, begann sie. Von einer Trächtigkeit habe sie nichts bemerkt. Einen solch ungewöhnlichen Vorbericht hatte die Doktorin noch nie gehört. Da gab es doch einiges zu hinterfragen.

Die Besitzerin erzählte ihr daraufhin die ganze Vorgeschichte: Gestern Abend habe sie in ihrem Keller eine Ratte gesehen. Um sie zu fangen, habe sie sich bei ihrer Nachbarin einen Fischkescher ausgeliehen und trotz Rattenphobie habe sie es geschafft, das Tier unter dem Netz gefangen zu halten. Komisch habe sie allerdings gefunden, wie langsam es sich unter dem Netz bewegte und so habe sie sich getraut, es genauer zu betrachten. Seltsam. Eine Ratte sei doch viel temperamentvoller und wehrhafter, habe sie noch überlegt und schließlich erstaunt festgestellt, dass es gar keine Ratte, sondern ein ganz junger Welpe war!

Doch wie war der Welpe in den Keller gekommen?

Nur ihre Katze habe diesen irgendwo stehlen und in den Keller tragen können. Deshalb habe sie das winzige Hundchen in ein Handtuch gepackt und sei damit in ihrer Nachbarschaft von Haus zu Haus gegangen. Irgendjemand musste doch einen Welpen vermissen. Als sie schließlich unverrichteter Dinge mit dem Kleinen wieder nach Hause gekommen sei, habe sie zu ihrer Überraschung zwei weitere Welpen vorgefunden.

Beide Hündinnen hätten sich liebevoll um den Nachwuchs gekümmert.

Doch wer war nun die Mutter?

Für die Doktorin war es nicht schwierig, das festzustellen. Die andere Hündin stand nämlich erst kurz vor der Geburt.

Der Zwergdackel

Kleine Hunde, Katzen, Kaninchen, Meerschweinchen und noch kleinere Patienten werden üblicherweise in einem Transportkäfig, einer Tragetasche, einem Karton oder Ähnlichem in eine Kleintierpraxis gebracht.

Eine Ausnahme machte da der einjährige, bissige Zwergdackel *Kleffi*. Den brachte der Besitzer in einem mehr als einen Meter langen Regenrinnenabflussrohr in die Praxis.

Natürlich wurde er darin nicht regelmäßig vorgestellt, aber dieses Mal gab es keine andere Transportmöglichkeit. Der freche Kerl steckte nämlich darin fest. Er hatte versucht, sein Bällchen aus dem am Boden liegenden Rohr herauszuholen. Dabei war er so weit vorgerobbt, dass er auf einmal nicht mehr vor- und zurückkonnte. Bis zum Becken steckte er fest; das strampelnde Hinterteil schaute aus dem Rohr heraus. Wenigstens vor seinen Zähnen war die Tierärztin unter diesen Umständen sicher. Spontan hätte sie am liebsten ein Foto von dieser außergewöhnlichen Situation gemacht. Angesichts des übernervösen und ungeduldigen Besitzers verzichtete sie auf die bleibende Erinnerung. Am einfachsten wäre es sicher gewesen, das Rohr mit einer stabilen Blechschere aufzuschneiden. In Ermangelung derartigen Praxisinventars musste sie sich etwas anderes einfallen lassen.

In Narkose wollte sie den Hund aus dem Rohr herausziehen, danach wären alle helfenden Hände auch vor den Zähnen des befreiten, aber sicherlich verstörten Hundes geschützt.

Die intravenöse Injektion in eines der freiliegenden Hinterbeine war problemlos möglich. Sofort erschlaffte der Körper, das Rohr wurde etwas schräg gehalten und der schlafende Dackel rutschte heraus.

Die Erinnerung an Kleffi im Regenrinnenabflussrohr bleibt auch ohne ein Foto ein Tierarztleben lang erhalten.

Der intelligente Mischling

Ein Tierarzt ist bei seinen Patienten in der Regel nicht besonders beliebt, schon eher bei deren Besitzern. Aber auch nur dann, wenn das Honorar als angemessen angesehen wird.

Man kann immer wieder beobachten, wie Hunde sich wehren, wenn sie zum Tierarzt gebracht werden sollen. Insbesondere Stammkunden, die in der Nähe der Praxis wohnen, wollen es partout vermeiden, beim Spaziergang direkt am Praxiseingang vorbeizugehen. Es könnte ja sein, Herrchen oder Frauchen könnten auf die Idee kommen, dort hineinzugehen.

Einen Hund nicht angeleint in die Praxis zu bringen, ist für die meisten Besitzer unmöglich. Es wurden auch schon große Hunde beobachtet, die sich an der letzten Straßenecke vor der Praxis aus dem Halsband befreiten und wieder nach Hause liefen oder sich weigerten, auch nur einen Schritt weiterzugehen. Auch die Aussicht auf eine Belohnung kann die Angst vor dem Tierarzt nicht verdrängen.

Mit der Tatsache, von jenen gehasst zu werden, denen man helfen will, muss man sich als Tierarzt abfinden können.

Ganz anders verhielt sich ein Mischlingshund. Viele sind der festen Überzeugung, dass Mischlinge intelligenter sind als Rassehunde. So kam an einem warmen

Sommertag ein Mischlingsrüde ohne seinen Besitzer durch die zum Durchlüften geöffnete Eingangstür in das Wartezimmer einer Tierarztpraxis. Er schaute sich um, schlabberte etwas Wasser und schnüffelte überall, als wenn er in Erfahrung bringen wollte, wer heute schon alles da gewesen war.

Das gleiche dann im Behandlungsraum. Den Hund erkannte die Doktorin wieder, als er sich vor die Dose mit den Leckerlis setzte. Der Name des Besitzers war ihr allerdings entfallen. Während der Rüde schwanzwedelnd ein Stück getrockneter Rinderhaut zerkaute, ging die Tierärztin zur Eingangstür, um nach dem Herrchen oder Frauchen Ausschau zu halten.

Sofort kam der Hund ihr nach und setzte sich neben sie auf die Stufen vor dem Eingang. Dort blieb er sitzen und blickte zur Straße, als ob er auf jemanden warten würde.

Es dauerte nur einige Minuten bis eine Frau erschien, die offensichtlich die Besitzerin war. Nachdem sie sich für ihr spätes Erscheinen entschuldigt hatte, erzählte sie, dass sie zu Hause etwas von *Tierärztin* und *Termin machen* gesagt habe, bevor sie mit ihrem Hund zu ihrem täglichen Spaziergang aufgebrochen sei. Der Hund war dabei nicht angeleint gewesen und wegen der dort zu erwartenden Belohnung schon mal vorausgelaufen.

Die Verwechslung

Schon seit Wochen kreisten die Gedanken der vornehmen alten Dame um ein Thema, nämlich um die Kastration ihres Pekinesen-Mädchen *Carla*.

Vor drei Jahren hatte sie die Hündin übernommen und geduldig ihre ganzen Unarten ertragen. Ständig zog es das Tier beim Spaziergang zu den anderen Hunden, laufend hatte sie daher Ärger mit diesen – und vor allem mit deren Besitzern.

„Wie Weiber untereinander halt so sind", dachte sie sich. Daheim schleppte die Hündin unentwegt Bällchen und anderes Spielzeug an, und sie winselte andauernd. Man hatte ihr gesagt, das seien typische Symptome von Scheinträchtigkeit bei unkastrierten weiblichen Hunden.

Damit sollte jetzt aber ein für alle Mal Schluss sein. Eine Kastration war fällig!

Also meldete sie sich bei der Tierärztin an, die sich kürzlich in der Nachbarschaft niedergelassen hatte, und kam in die Sprechstunde. Dort sollte die Hündin vor der Operation untersucht werden.

Trotz der üppigen Behaarung sah die Doktorin auf den ersten Blick, dass die Geschlechtsangabe nicht stimmte, und teilte dies der Besitzerin mit. Ungläubig schaute diese sie an, verdrehte die Augen – und wurde ohnmächtig. Als die elegant gekleidete Frau, deren

Blase sich zu allem Überfluss auch noch entleerte, wie tot neben dem Behandlungstisch lag, ließ die Tierärztin den humanmedizinischen Kollegen, der über ihren Räumen seine Praxis hatte, anrufen. Auf eine solche Situation war sie nämlich überhaupt nicht vorbereitet! Gott sei Dank wollte dieser sofort herunterkommen.

Zuerst erschien die Arzthelferin, die sich als Erstes zum Kopf der Bewusstlosen herabbeugte: „Hallo, können Sie mich hören?"

Es folgte nur eine minimale Bewegung der Augenlider.

„Haben Sie ihre Versichertenkarte dabei?"

Keine Antwort.

Da kam auch schon der Arzt.

Außer seiner Helferin mussten alle den Raum verlassen.

Es dauerte nur einige Minuten, da stand die Patientin wieder. Kreidebleich verließ sie, vom Doktor gestützt, die Tierarztpraxis. In seinen Räumen oben sollte sie sich zunächst richtig von dem Schock erholen, danach ihren Rüden *Carlo* abholen.

Der Tierärztin blieben zwei leere Ampullen Valium und die Erinnerung an aufregende Minuten.

Der Busenbeißer

Der Hund war klein, blitzschnell und er hatte scharfe Zähne. Ein typischer Jack Russel Terrier. Und zwar einer von der verwöhnten und unerzogenen Sorte.

Weil dieser mit einem Vorderlauf nicht mehr auftreten konnte, wurde er von einem älteren Ehepaar in die Praxis des Tierarztes gebracht. Die schmerzhafte Lahmheit hatte er schon seit der Mittagszeit, aber bis zur Abendsprechstunde habe man abwarten wollen.

Als Erstes warnten sie den Doktor wegen der Bissigkeit ihres *Charly*. Bevor der Tierarzt mit der Untersuchung begann, versuchte er erst einmal zu erfahren, was eigentlich passiert war.

Gemeinsam erzählten sie, sie hätten – wie bei jedem Mittagessen – zusammen am Tisch gesessen, sie auf der Bank gegenüber von ihrem Mann und Charly links neben ihr, immer darauf wartend, dass etwas für ihn abfiel.

Ab und zu gab ihm die Frau ein Häppchen, nach dem er dann immer gierig schnappte.

Heute hatte er dabei allerdings einen Finger seines Frauchens erwischt, die ihn dafür sofort bestrafte, indem sie ihm einen Klaps auf die Nase gab. Der Jackie keilte sofort zurück und biss der Frau in den Körperteil, den er als erstes zu fassen bekam: die üppige linke Brust!

Wütend schubste daraufhin die Frau ihren Hund von der Bank. Der war davon so überrascht, dass er unglücklich kopfüber herunterfiel, aufjaulte und seitdem mit einem Vorderlauf nicht mehr auftreten konnte.

Das Krankheitsbild hatte sich in den letzte Stunden nicht geändert, hieß es. Schwerwiegendes konnte man bei diesem Vorbericht also kaum erwarten.

Bevor der Doktor mit der Untersuchung begann, *entschärfte* er vorsichtshalber den Hund mit einem Band um die Schnauze.

Dann gab es keinen Zweifel mehr, das Bein war gebrochen, das Ehepaar war schockiert.

Ein Ehekrach bahnte sich an, als der Mann seine Frau vorwurfsvoll auf die jetzt entstehenden, unnötigen Kosten aufmerksam machte.

„Und ich⸮", maulte sie, riss ihre Bluse hoch und packte die verletzte Brust aus, „Schauen Sie sich das an, Herr Doktor, und ich soll jetzt Schuld haben⸮!" Die Brust war tatsächlich handtellergroß blutunterlaufen.

„Das sollte sich auch der Mann ansehen", meinte der Tierarzt, und er zeigte ihm voller Mitleid die Brust seiner *schwerverletzten* Frau.

Der fliegende Goldhamster

Zwei etwa 10-jährige Jungen kamen mit ihrem hinkenden Goldhamster in die Sprechstunde einer Gemischtpraxis auf dem Land, in der die junge Assistentin die Kleintiere versorgte. Ihr Chef war froh, wenn er seine Rinder und Schweine versorgen konnte und dass er für Hunde und Katzen, insbesondere aber für die noch kleineren Tiere, eine Assistentin eingestellt hatte. Diese wiederum arbeitete lieber ohne Gummistiefel.

Der Goldhamster hatte sich unterhalb des rechten Knies einen Beinbruch zugezogen, das hatte die Doktorin gleich erkannt.

„Da kann man doch bestimmt was machen", meinten die Burschen und hatten damit den Ehrgeiz der Tierärztin geweckt. Sie überlegte. Für einen chirurgischen Eingriff war die Praxis nicht eingerichtet. Aber schienen könnte man den Bruch doch, dachte sie. Schnell waren ein paar Zahnstocher gefunden, ebenso Bindfäden und Pflaster.

Das Anlegen gestaltete sich aber schwieriger als gedacht. Ständig rutschte irgendein Teil weg und die Schiene hielt an dem Beinchen nicht oder so schlecht, dass man auch gleich auf sie hätte verzichten können. Wenn die Buben nicht immer wieder zu einem neuen Versuch gedrängt hätten und weil die Ärztin sich vor ihnen nicht blamieren wollte, gab sie nicht auf. Nach fast einer Stunde hatten sie zusammen ein *Modell Lambarene* gebastelt und waren ganz stolz, als der Chef der Praxis dazukam. Der kommentierte das Behandlungsergebnis nicht, sondern fragte energisch nach, wie das mit dem Beinbruch denn passieren konnte.

Zuerst drucksten die Bürschchen ein wenig herum, schließlich rückten sie dann doch noch mit der Wahrheit heraus.

Aus dem seidenen Halstuch ihrer Schwester und aus Nähgarn hatten sie einen Fallschirm gebastelt. Diesen hatten sie an allen vier Beinen des Hamsters befestigt und ihn dann über die Balkonbrüstung geschoben.

Zum Leidwesen des Tierchens war der Fallschirm aber nicht aufgegangen.

Der Spulwurm im Marmeladeglas

In eine Düsseldorfer Kleintierpraxis kam eine dort unbekannte etwa 60-jährige Frau, stellte ein Marmeladeglas auf den Tresen des Praxisempfangs und verlangte nach der Tierärztin.

Sie wollte wissen, ob das längliche Gebilde in dem Glas, das von einer Katze über den Darm ausgeschieden wurde, ein Wurm sei.

Zwischen zwei Behandlungen eilte die Doktorin zum Empfang und begutachtete den Inhalt des Glases. Sie bestätigte, dass es sich um einen Spulwurm handelte, und fragte die Frau, ob sie ein geeignetes Entwurmungsmedikament mitnehmen wolle.

Wenn das Medikament nichts kostete, würde sie es gerne für die Katze ihrer Schwester mitnehmen. Diese sei nämlich eine arme Rentnerin und könne sich ein Medikament für die Katze nicht leisten.

Für eine arme alte Frau, meinte die Ärztin, würde sie auf die Kosten für Diagnose und Beratung verzichten, das Medikament müsse jedoch bezahlt werden.

Die Frau war entrüstet. Nein, das wolle sie nicht, schließlich sei es ihr doch egal, ob die Katze Würmer habe.

Auch nach langer Diskussion ließ die Doktorin sich nicht erweichen, das Wurmmittel kostenlos abzugeben. Entnervt nahm sie schließlich das Glas mitsamt dem Wurm und drückte es der Frau wieder in die Hand. Schließlich hatte sie noch anderes zu tun.

Empört lehnte die Frau ab, das Glas samt Inhalt mitzunehmen. Sie verlangte, dass der Wurm herausgenommen und ihr das Glas gespült zurückgegeben werden sollte.

Jetzt reichte es der Tierärztin endgültig! Zuerst dachte sie kurz an einen Scherz mit versteckter Kamera, dann forderte sie die *Kundin* energisch auf, die Praxis zu verlassen.

Der Hygieneeimer im Badezimmer

Hundenasen können das Vielfache von dem riechen, was das menschliche Riechorgan zu leisten im Stande ist. Deswegen kann es für Hunde eine Strafe sein, wenn sie interessante Gerüche aus einem Raum wahrnehmen, diesen aber nicht betreten dürfen. Die Versuchung, in Badezimmer und Gästetoilette zu kommen, ist für einen Hund besonders groß, denn menschliche Gerüche bekommen sie von dort im Überfluss in die Nase. Zum Leidwesen der Vierbeiner lässt man sie aber nur ungern dorthinein, allein schon deshalb, weil sie mit ihren behaarten Pfoten unnötigen Dreck einschleppen.

Einmal ließ ein Boxer die günstige Gelegenheit nicht ungenutzt, als die Tür zum Bad gerade offenstand. Die himmlischen Gerüche seines Frauchens waren einfach unwiderstehlich! Und was gut riecht, das fressen Hunde auch besonders gerne.

Als die Besitzerin kurz darauf ins Badezimmer zurückkam, hatte der Hund schon den Hygieneeimer umgeworfen und den gesamten Inhalt heruntergeschlungen. Lauter unverdauliches Zeug.

Noch bevor Verdauungsprobleme auftreten konnten, hatte der eilends aufgesuchte Tierarzt dem Hund eine Apomorphin-Injektion gegeben, damit sich der Hund erbricht. Das Erbrochene roch im wahrsten

Sinne des Wortes so umwerfend penetrant, dass beide Tierarzthelferinnen unter Brechreiz nacheinander den Raum verlassen mussten. Nur der Doktor blieb tapfer und schaute sich die Bescherung an.

Mehr als zehn gebrauchte Tampons sowie Tempotaschentücher, schmierige Abschminktücher, leere Tuben in allen Größen und anderes Undefinierbares ergaben zusammen mit der Magensäure des Hundes eine einzigartige Mischung für Augen und Nase.

Warum diese Müllbehälter im Bad *Hygieneeimer* genannt werden, das ist einem im Studienfach Hygiene geprüften Tierarzt allerdings nicht zu vermitteln.

Die freundlichen Begleiter

Eine betagte Dame war vor ein paar Jahren mit drei Katzen zugezogen. Außerhalb ihres Hauses war sie stets aufgetakelt: mit Kettchen und Ringen behängt, mit Bildchen auf den lackierten Fingernägeln, schrill und dick geschminkt.

So viel *Dekoration* auf einmal wäre gar nicht nötig gewesen, um im Bayerischen Wald aufzufallen. Sie bewohnte ein kleines Häuschen am Ortsende und hatte kaum Kontakt zu ihren Nachbarn. Die munkelten so allerhand, wussten aber nichts Genaues. Sie beobachteten immer mal wieder, dass Autos mit fremden Kennzeichen vor ihrem Haus standen und machten sich so ihre Gedanken.

Ihre Katzen ließ die Dame regelmäßig von der Tierärztin des Ortes untersuchen und behandeln. Mal kam sie mit ihrer Siamkatze, mal mit der Perserkatze, mal mit der Norwegischen Waldkatze zur Untersuchung oder auch mal mit allen Dreien auf einmal zur Impfung. Da sie selbst kein Auto besaß, wurde sie immer von einem Herrn begleitet, der jedes Mal ein anderer war. Wenn die Doktorin die Behandlung beendet hatte, bot die Katzenbesitzerin ein sich wiederholendes und für die Tierärztin amüsantes Schauspiel, in dem die Hauptrolle von dem jeweiligen männlichen Begleiter gespielt wurde.

So fragte die Kundin jedes Mal nach den Kosten der Behandlung und die Ärztin nannte den Betrag. Darauf folgte immer der gleiche Dialog:

„Wenn ich Sie jetzt bezahle, dann kann ich mir gar nichts mehr zu essen kaufen!"

„Und wenn Sie mich nicht bezahlen, dann gehe ich pleite!"

„Ach, herrje, das Portemonnaie habe ich auch noch vergessen."

„Sie haben doch so einen netten Begleiter, der wird Ihnen bestimmt gerne den Betrag leihen."

Bei der ersten Vorstellung war die Doktorin noch überrascht und verwundert. Schon ab der zweiten Behandlung machte sie vergnügt das Spielchen mit und kassierte jedes Mal das Honorar von einem anderen Begleiter.

Die aufregende Geburt

Bei der Röntgenuntersuchung einer tragenden Hündin waren mindestens drei Welpen genau zu erkennen. Die Geburt sollte ungefähr in einer Woche sein.

Die darin unerfahrene Hundebesitzerin hatte die Tierärztin gebeten, während der gesamten Geburtsdauer erreichbar zu sein.

Die Doktorin unterwies sie im Fiebermessen. Zweimal täglich sollte ihre Kundin die Körpertemperatur des Hundes kontrollieren und notieren. Vor der Geburt sinkt die Temperatur bei einem Hund nämlich deutlich ab. Das sollte sie ihrer Ärztin dann mitteilen.

Als der Anruf kam, wusste die Doktorin, dass mit dem Beginn der Geburt innerhalb der nächsten 24 Stunden zu rechnen war. Sie wiederholte ihr Versprechen, bis zum Ende der Geburt zur Verfügung zu stehen. Im Notfall auch für einen Hausbesuch.

Das Protokoll der drei Telefonate vom Sonntag in Kurzform:

1. Anruf:

„Frau Doktor, der erste Welpe ist da. Er lebt."

„Gut. Rufen sie wieder an, wenn etwas nicht stimmt."

2. Anruf:

„Frau Doktor, die Hündin hat den ersten Welpen gefressen! Jetzt kommt gerade der zweite."

Pause.

„Der zweite ist da. Er lebt!"

„Lassen Sie die Hündin möglichst in Ruhe. Entfernen Sie alles Störende."

3. Anruf:

„Frau Doktor, jetzt ist noch ein Welpe gekommen, der ist aber tot. Das ist sicher der, den sie gefressen hat. Der ist aber schnell durchgegangen!"

Kurze Pause.

„Meinen Sie nicht, dass ich vorbeikommen sollte?"

„Nein, nein, ich rufe sie wieder an, wenn der dritte Welpe da ist."

Der Vorstadtgigolo

Goldkettchen auf behaarter Brust, selten ohne passende weibliche Begleitung und ständig krampfhaft bemüht zu imponieren – so kannte eine Tierärztin im Münchener Raum einen Kunden seit Jahren.

Dieses Mal brachte er eine offensichtlich neue weibliche Errungenschaft mit in die Praxis. Dieser wollte er zeigen, wie gut er sich dort bereits auskannte und wie man mit einer Studierten umgehen muss. Zwar ging es um die Kastration der Katze seiner Begleiterin, er war jedoch der Wortführer. Ein Termin wurde vereinbart, die Kosten wurden besprochen. Bei Abholung der Katze müsse bar bezahlt werden, machte die Doktorin dem Mann klar. Alles war geregelt.

Zum vereinbarten OP-Termin erschien die Katzenbesitzerin allein mit ihrem Tier. Nach erfolgter OP sollte die Katze abends wieder abgeholt werden.

Da kamen sie wieder zu zweit und er wollte jetzt auf einmal, dass die Rechnung nicht mehr bar, sondern mit Überweisung bezahlt werde. Die Helferin, mit der Abrechnung beauftragt, war im Umgang mit diesem dreisten Typen überfordert. Zu Hilfe kam ihr die Doktorin, die sich aus gutem Grund auf keine Ausnahme von den vorher festgelegten und akzeptierten Bedingungen einlassen wollte.

Er bestätigte widerwillig, dass Barzahlung vereinbart worden war, aber seine Freundin habe heute Morgen den Geldbeutel verloren und es auch schon beim Fundamt gemeldet. Selbstverständlich bürge er als einer der besten Praxiskunden für die Bezahlung.

„Bürgen geht nur mit einem Notar", erwiderte die Doktorin, „aber Sie können die Bezahlung ja gerne übernehmen und sich das Geld wiedergeben lassen, wenn der Geldbeutel wieder da ist."

Er: „Ich? Bezahlen für die? Das Geld bekomme ich nie wieder!"

Das hätte er nicht sagen dürfen, denn jetzt taute die Freundin auf: „Du mieser Kerl, Du wolltest hier eine Schau abziehen, Du wolltest hier betrügen, Du hast mich beleidigt, hau bloß ab!"

Die (Ex-)Freundin bezahlte die Rechnung mit EC-Karte und am selben Tag verlor die Ärztin *einen ihrer besten Kunden.*

Der gemeine Metzger

Eine junge Tierärztin führte eine Kleintierpraxis und war nebenberuflich im öffentlichen Dienst als amtliche Tierärztin angestellt. In einem Metzgereibetrieb war sie für die Fleischuntersuchung und die Hygieneüberwachung zuständig.

Der Metzgermeister kam eines Tages in die Praxis, weil er ein Präparat gegen Ektoparasiten für seinen Jack Russel Terrier kaufen wollte. Sie verkaufte ihm ein Spot-on Präparat. (Dieses Medikament ist zum Aufträufeln auf die Haut zugelassen.) Danach hatten sie noch verschiedene Probleme besprochen, die die EU-Zulassung seines Schlachtbetriebes betrafen.

Zwei Tage später erhielt die Tierärztin eine SMS:

> „Tag Frau Doktor. Wir hatten große Mühe, unserem Hund die Pipetten einzuflößen. Bei der vierten hat er sich schon heftig gewehrt und meine Frau gebissen. Die habe ich vorhin ins Krankenhaus gebracht und als ich jetzt zurückkam, lag der Hund in seinem Körbchen und krampfte so komisch. Ist das normal¿¿¿"

Die Doktorin erschrak und der Schweiß trat ihr auf die Stirn. Ihr war sofort klar, dass sie einen Fehler gemacht hatte. Sie hatte dem Metzger nämlich nicht erklärt, wie er das Präparat anwenden sollte. Eine genaue Unterweisung gehört aber normalerweise zu jedem Verkaufsgespräch dazu. Diesmal hatte sie es vergessen.

Sie konnte sich kaum konzentrieren, als sie mit schlechtem Gewissen versuchte, sich mit allen eventuellen Folgen und Behandlungsmöglichkeiten einer solchen Vergiftung vertraut zu machen.

Noch bevor sie alles durchdacht hatte, rief sie mit schweißnassen Händen den Metzger an und erfuhr von einem prustenden Kunden, dass er sie veräppelt hatte.

Die Martinsgansvergiftung

Hunde von Gastwirten, die eine Speisegaststätte betreiben, sind in der Regel übergewichtig, auch wenn sie nicht verfressen sind. Die Gefahr etwas von den Gästen, vom Bedienungspersonal oder auch vom Wirt oder seiner Gattin zusätzlich zu bekommen, ist groß. Man könnte das Sprichwort verändern und sagen: *Gelegenheit macht dicke Hunde.*

Ein dicker Hund war auch der Labrador einer großen Gastwirtschaft im Rheinland. Er war genetisch bedingt verfressen und durch sein Zuhause doppelt gefährdet.

Besondere Gefahr droht alljährlich am 11.11., dem Martinstag. Traditionell werden an diesem Tag nicht nur im Rheinland Martinsgänse von den Gästen bestellt. Der Besitzer der Großgaststätte begann bereits in der Nacht vorher mit den Arbeiten: Die Gänse wurden in einem überdimensionalen Ofen außerhalb der Küche vorgebraten. Dabei tropfte das flüssige Fett, das zu Gänseschmalz verarbeitet werden sollte, in eine große Auffangschale.

Das hatte der Hund sofort in die Nase bekommen, als sein Frauchen ihn in die Gaststätte mitbrachte. In einem günstigen Augenblick machte er sich über das frische Schmalz her. Etwa zwei bis fünf Kilo davon hätte er wohl verdrückt, meinten die Wirtsleute später.

Das Ergebnis ließ nicht lange auf sich warten. Der Durchfall war unbeschreiblich und dem Hund ging es unübersehbar schlecht, zumal er wegen seiner Kotinkontinenz auch noch aus der Wohnung in den Zwinger im Garten gesperrt wurde.

Er benötigte dringend tierärztliche Hilfe.

Symptomatische Behandlungen zur Stützung seines kollabierten Kreislaufs mussten helfen. Viel mehr konnte der Tierarzt auch nicht für den Hund tun, schließlich musste das in dieser Menge giftige Fett den Körper wieder verlassen.

Der ölige Durchfall dauerte drei Tage, dann hatte der Labrador schon wieder Hunger.

Der besondere Tierschutz

Bei schummerigem Nieselwetter klingelte spätabends bei der Tierärztin das Telefon. Am anderen Ende der Leitung meldete sich eine aufgeregte männliche Stimme. Die Ärztin möge doch bitte mal vor ihrem Haus nachschauen, da säße seit Stunden ein Hund vor der Praxistür. Durch sein Fenster könne er das aus dem dritten Stock von schräg gegenüber genau erkennen.

Die Doktorin hängte sich daraufhin einen Mantel um, ging nach draußen und schaute sich dort suchend um, konnte aber nichts Auffälliges bemerken. Deswegen ging sie wieder ins Haus.

Nach etwa einer viertel Stunde klingelte das Telefon erneut. Die gleiche Stimme. Warum sie denn dem Hund nicht helfen würde, wurde die Tierärztin ungeduldig gefragt. Das arme Tier säße ja immer noch dort! Sie erklärte ihm, dass sie keinen Hund gefunden habe, er möge doch bitte zu ihr rüber kommen, dann könnten sie gemeinsam nach ihm schauen.

Tatsächlich, wenige Minuten später kam der Mann zur Praxis und entdeckte sofort, dass die Tierärztin im Vorgarten neben dem Praxiseingang etwas verändert hatte: Dort stand jetzt eine Skulptur aus Stein, die in naturgetreuer Größe einen deutschen Schäferhund darstellte. Im Halbdunkel war sie auf den ersten Blick leicht mit einem lebenden Hund zu verwechseln.

Der Mann läutete bei der Doktorin und entschuldig-te sich für sein *Versehen* und die späte Störung. Er war auf eine frostige Reaktion der Ärztin vorbereitet.

Doch die junge Frau lachte und erwiderte, dass Spaziergänger auch schon darauf hereingefallen waren, wie ihr manch einer unlängst berichtet hatte. Auch Hunde bellten die Figur bei Dämmerlicht immer mal wieder an. Schließlich lobte sie ihn sogar noch für sein tierfreundliches Engagement!

Das traurige Ende eines Wellensittichs

Mit einem Wellensittich am Fliegenfänger stand eine verzweifelt schauende Frau bereits vor der Praxistüre, als diese zur Nachmittagssprechstunde geöffnet wurde. Ohne langwierige Anmeldung durfte sie sofort in den Behandlungsraum durchgehen. Die junge Doktorin hatte so einen Fall zwar noch nicht erlebt, aber schließlich war sie eine *praktische Tierärztin* und Eile war geboten.

Was war geschehen?

Wellensittiche waren als gesellige Stubenvögel besonders früher einmal sehr beliebt. Entsprechend häufig wurden sie auch in der Tierarztpraxis vorgestellt. Jeder ältere Kleintierpraktiker wird sich erinnern, wie oft es zu Komplikationen kam, wenn die Vögel in der Wohnung frei herumfliegen durften. Fliegenfänger, diese umweltfreundlichen Dinger, gab es früher in jedem Haushalt. Oft hingen sie an der Deckenlampe.

Die Frau hatte gerade am Mittag einen neuen aufgehängt und vergessen, dass ihr Wellensittich, der *Hansi-Bubi*, durch das geöffnete Käfigtürchen Freiflug nach Belieben hatte.

Kurz danach war es auch schon passiert: Der Vogel klebte am Fliegenfänger fest. Er hatte noch versucht, sich durch verzweifeltes Flügelschlagen zu befreien, was seine Situation aber nur verschlimmerte.

Zum Glück war die Tierarztpraxis gleich um die Ecke.

Umgehend machte sich die besorgte Frau mit ihrem gefiederten Freund auf den Weg dorthin …

Mit viel Gefühl versuchte die Tierärztin nun, den Klebestreifen vom Vögelchen abzulösen. Dabei ging Feder um Feder verloren. Das war leider nicht zu vermeiden. Als sie es fast geschafft hatte, kollabierte der Sittich und starb in ihrer Hand. Der Stress war einfach zu viel für ihn gewesen!

Die Vogelhalterin war untröstlich. Und weil sie das tote Tier nicht wieder mitnehmen wollte, wickelte es die Ärztin in eine Zeitung; sie legte das Päckchen neben ihre Garderobe, um es am Abend in die Tiefkühltruhe für Tierleichen zu geben.

Am Abend, nachdem der letzte Patient gegangen war, erledigte sie noch für ein paar Minuten den restlichen Papierkram und musste nur noch die Haustüre abschließen. Als sie ins Wartezimmer kam, fand sie ein totales Chaos vor!

Ihre kleine Terrier-Hündin hatte sich offensichtlich den eingewickelten Wellensittich gemopst, ihn ins Wartezimmer getragen, dort ausgepackt und alle restlichen Federn fein säuberlich vom toten Tier gerupft! Überall flogen die Federn herum. Schnell schloss sie die Praxistür ab. Niemand sollte sehen, wie es im Wartezimmer einer Tierarztpraxis auch schon einmal aussehen konnte.

Die Spezialkastration

Eine Katzenbesitzerin wollte ihren Kater zur Kastration anmelden, über den Termin und über die Operation aber nur mit dem Tierarzt persönlich reden. Die Tierarzthelferin, die den Anruf entgegennahm, schien ihr dafür nicht kompetent genug. Nur der Doktor sei für sie ein sachkundiger Gesprächspartner, meinte die Frau am Telefon.

Solche Patientenbesitzer erlebte die Helferin immer wieder. Für inkompetent gehalten zu werden, obwohl man sich nicht kannte, war für sie keine neue Erfahrung. Diese Patientenbesitzer ordnete sie in die Kategorie *beschränkt und eingebildet* ein und leitete sie emotionslos an ihren Chef weiter.

Der Doktor erklärte der Frau mit ruhiger Stimme den ganzen Ablauf einer Kastration, mehr sogar als das, was der durchschnittliche Patientenbesitzer über eine Katerkastration wissen sollte. Natürlich müsse der Kater nüchtern sein. Aber er erklärte auch, wie in seiner Praxis die Voruntersuchung ablief und danach die Narkose durchgeführt, wie die Haut desinfiziert und wie der Einschnitt vorgenommen würde. Einfach jeden Handgriff beschrieb er.

„Und was geschieht dann mit den Hoden?", kam es zum Schluss mit schriller Stimme zurück.

„Die Hoden werden entsorgt."

„Aber die Hoden gehören doch mir, die können Sie doch nicht einfach entsorgen!"

„Gute Frau, wollen Sie damit sagen, dass Sie die Hoden haben wollen?"

„Genau! Die will ich haben!"

„Was wollen Sie denn mit den Hoden?"

„Das geht Sie gar nichts an!"

Der Doktor war erst einmal sprachlos und atmete tief durch. Als er gerade sagen wollte, dass er die Kastration ablehne, weil er nicht wüsste, was für einen Unsinn sie mit den Hoden vorhabe, kam sie wieder zu Wort.

In ganz ruhigem Ton sagte sie jetzt: „Bitte verstehen Sie mich nicht falsch, Herr Doktor. Ich möchte die Hoden in Alkohol konservieren. Wenn der Kater später einmal in meinem Garten beerdigt wird, dann soll er doch im Ganzen, also zusammen mit seinen Hoden begraben werden."

Der Tollwutverdacht

Mitten in der Nacht riss das Klingeln des Telefons den Tierarzt aus dem Schlaf.

Das war für ihn nicht außergewöhnlich. Das Telefon steht bei vielen Tierärzten direkt neben dem Bett auf dem Nachttisch. Am anderen Ende der Leitung eine aufgeregte Frauenstimme:

„Herr Doktor, ich bin gebissen worden, am Hals!"

Nachdem der Tierarzt den Schlaf vertrieben hatte, versuchte er zu erfahren, was denn geschehen war.

Die Frau hatte geschlafen, als sie seitlich am Hals einen Schmerz verspürte. Reflexartig hatte sie ein kleines Tierchen mit der Hand abgestreift und an die gegenüberliegende Wand geschleudert. Sie stand auf, ging dorthin und bei genauerer Betrachtung erkannte sie eine Feldmaus, die bedingt durch den Aufprall gegen die Wand inzwischen nicht mehr lebte. Sie erinnerte sich, dass ihre Katze schon häufiger so eine Maus mit nach Hause gebracht hatte. Meist spielte die Katze so lange damit, bis sie tot war oder bis sie sich verstecken konnte. Dieses Mal war das Tier im Bett seiner späteren *Mörderin* gelandet.

Jetzt kannte der Doktor zwar die ganze Geschichte, er verstand aber nicht, warum die Frau ihn und nicht einen Humankollegen aus dem Schlaf geklingelt hatte. Was hatte denn er damit zu tun⸮!

„Ja", meinte die Frau, „Tierärzte kennen sich bei so was besser aus und sind auch nachts gut erreichbar."

Mitten in der Nacht hatte der Doktor seine Antenne für Schmeicheleien abgeschaltet und versuchte, die Kundin loszuwerden:

„Ich habe zwar noch nie gehört oder gelesen, dass Feldmäuse Tollwut auf den Menschen übertragen können, aber sicher bin ich mir da nicht. Ihre Katze habe ich ja Gott sei Dank geimpft. In ihrem Fall bin ich nicht zuständig."

Damit hatte er die Verantwortung an die 112 weiter gegeben und konnte sich wieder gemütlich im Bett herumdrehen.

Wie die Reaktion der Leute vom Notruf war, würde er aber doch gerne wissen.

Die Notbremsung

Die junge Assistentin der Großtierpraxis war zu einer kranken Kuh gerufen worden. Sie war wie immer in Eile, als sie den Hof mit ihrem Praxiswagen erreichte.

Der Eingang zum Stall war ganz hinten um die Ecke.

Auf dem schmalen Kiesweg dorthin war sie wohl etwas zu schnell unterwegs, als sie plötzlich wegen eines Huhns bremsen musste. So kam das Auto leider zu spät zum Stehen. Sie hatte die Henne überfahren. Da war nichts mehr zu retten. Sie nahm das Tier am Hals und hielt es hoch, als die Bäuerin gerade aus dem Haus kam. Sie zeigte ihr die tote Henne, stammelte eine Entschuldigung und sagte, dass sie selbstverständlich den Schaden ersetzen wolle.

Die Frau des Bauern fing laut und schrill an zu lachen.

Das irritierte die schuldbewusste Tierärztin zutiefst. Irgendetwas musste es geben, was sie nicht wusste. Nicht ohne Grund kann sich ein erwachsener Mensch angesichts eines toten Huhns so irre aufführen, dachte sie.

Als die Bäuerin nach ihren Lachanfällen wieder Luft bekam, lieferte sie die Lösung: Das Huhn hatte sie vor zwei Tagen aus dem Schuppen geholt, wohin es sich, offenbar krank, zurückgezogen hatte. Weil sie nicht wusste, was sie mit dem kranken Tier machen sollte, hatte sie es auf dem Weg in den Kies gesetzt, wo man es besser beobachten konnte. Heute Abend wollte sie es töten, weil es immer noch an derselben Stelle saß und es ihm offensichtlich noch nicht besser ging.

Das war nun überflüssig geworden!

Sie bedankte sich nun sogar bei der verwunderten Doktorin für die nicht angeforderte und kostenlose tierärztliche Hilfe.

Die handylose Zeit

Zwei junge Tierärzte hatten zusammen eine Großtierpraxis übernommen und sich damit den Traum ihres
Lebens erfüllt. Mit viel Elan stürzten sie sich in die
Arbeit und jedem Bauern vermittelten sie das Gefühl
dass ihre Praxis nach dem Wahlspruch *Geht nicht, gibt
es nicht!* geführt wurde.

Auch privat verstanden sie sich prima, was letztlich
besonders dadurch begünstigt war, dass ihre Frauen
Freundinnen waren. Die Wochenend- und Nachtdienste
hatten sie fair zwischen sich aufgeteilt, aber wenn nötig,
half einer dem anderen aus. Jeder hatte seine eigene pri-
vate Telefonnummer und für die Praxis gab es einen
gemeinsamen Anschluss, den man wahlweise auf den
einen oder den anderen Haushalt umschalten konnte.
Das hatte den Vorteil, dass auch von den Frauen, die
ihre Männer am Telefon unterstützten, immer nur eine
zu Hause sein musste.

Manchmal wurde allerdings vergessen, das Telefon
umzustellen und so passierte es eines Nachts, dass der
Diensthabende von seinem Kollegen zu einem Notfall,
oder was der Bauer für einen Notfall hielt, geschickt
wurde. Dorthin musste er fast 10 km fahren.

Als er zu dem Bauernhof kam, wunderte er sich, dass
nirgendwo ein Licht brannte. Normal wäre gewesen,
dass Hof und Stall beleuchtet waren.

Er hielt es für unsinnig, den Bauern aus dem Schlaf zu läuten, und vermutete ein Missverständnis mit seinem Kollegen, was er aber erst klären konnte, wenn er ihn – wieder zurück in seiner Wohnung – vom Telefon anrief; Handys gab es damals noch keine. Es gab zwar Telefonzellen, in der ganzen Gegend aber nur eine und die war ausgerechnet jetzt defekt. Den Namen des Ortes hatte er mit Sicherheit richtig verstanden, vielleicht hatte er ja den Hof verwechselt? Deshalb fuhr er im ganzen Dorf einen Kunden nach dem anderen ab. Doch nirgends brannte Licht, also erwartete ihn niemand.

Schließlich fuhr er müde und unverrichteter Dinge wieder nach Hause und meldete sich bei seinem Kollegen zurück. Der konnte sich aber gar nicht daran erinnern, dass er ihn zu dem Nachteinsatz geschickt hatte!

Erst nach langem Nachdenken fanden sie gemeinsam die Lösung: Der Kollege hatte von seiner Arbeit in der Praxis geträumt und halb träumend, halb wachend hatte er ihn zu besagtem Bauern geschickt.

Wenn die beiden in Erinnerungen kramen, finden sie es heute skurril; der Diensthabende dachte damals anders.

Das Leinenzwang-Missverständnis

In der chirurgischen Kleintiermedizin hatte sich eine neue Operationsmethode bei Kreuzbandrissen der Hunde schon seit Längerem hervorragend bewährt. Alle fortschrittlichen Kliniken hatten auf das neue Verfahren umgestellt. Wie nach den meisten orthopädischen Eingriffen ist – besonders bei diesem – eine postoperative Ruhigstellung zur Heilung zwingend notwendig.

Leinenzwang ist dafür eine Maßnahme, die in der Kleintierpraxis häufig verordnet wird. Nahezu alle Hundehalter wissen auch sofort, was damit gemeint ist. Weiterer Erklärungen bedarf es normalerweise nicht.

Eine *Superblondine* hatte den Sinn dieser Verordnung wohl nicht verstanden, sonst wäre mit ihrem Hund nicht Folgendes passiert:

Ihr Schäferhund wurde nach einem Kreuzbandriss in der renommiertesten Tierklinik der Stadt nach der besten Operationsmethode operiert. Die Wundheilung verlief komplikationslos. Davon konnte sich die Besitzerin bei den regelmäßigen Verbandswechseln überzeugen.

Beim vorerst letzten Besuch zum Fädenziehen wurden auch die Verhaltensmaßregeln für die nächsten vier Wochen besprochen. Der verordnete Leinenzwang gefiel der Dame allerdings überhaupt nicht. Bisher hatte sie ihren Hund immer frei laufen lassen, natürlich auch an dem Tag, an dem der Unfall mit dem daraus resultierenden Kreuzbandriss passierte.

Wohl oder übel ging sie dann aber doch die nächsten Tage mit ihrem Hund an der Leine spazieren. Aber schon nach wenigen Tagen wurden ihre Befürchtungen, der Hund könnte bei zu wenig Bewegung zu viel Muskelmasse verlieren, immer stärker. Um das zu vermeiden, kaufte sie sich ein Mofa. Während sie langsam damit fuhr, konnte der Hund an der Leine – wie vom Doktor verordnet – nebenher traben und auf diese Weise konnte dem Muskelschwund vorgebeugt werden. Ein paar Tage ging es gut und dem Hund schien die Bewegung nichts auszumachen.

Die Dame beherrschte das Mofa immer besser, wurde schneller, der Hund musste mithalten, verfiel vom Trab immer häufiger in den Galopp – und dann war es auch schon passiert: Der Hund konnte das operierte Bein überhaupt nicht mehr belasten.

Natürlich war daran die Klinik schuld. Entweder die neueste Operationsmethode war schlecht oder aber der Chirurg unfähig. Auf eine andere Idee kam die Frau nicht. Schließlich hatte sie den Leinenzwang strikt befolgt.

Die Zombiekatze Taiga

Nach einem Autounfall brachte ein tierlieber Mitmensch eine angefahrene Katze in die Praxis einer Tierärztin. Er gab das Tier ab, wünschte viel Erfolg und verabschiedete sich wieder. Mit der Bezahlung der anfallenden Kosten wollte er jedoch nichts zu tun haben.

Auch wenn man die Besitzer nicht kannte, dem Tierchen musste geholfen werden. Die junge Doktorin, frisch niedergelassen, hatte sofort Zeit, sich um den Notfall zu kümmern.

Als die verletzte Katze hereingebracht wurde, lag sie noch auf der Seite, vermutlich im Schock. Inzwischen hatte sie sich etwas aufgerichtet; so konnte die Ärztin sie leichter untersuchen. Mit beiden Händen tastete sie das Tier von vorne nach hinten ab. An der Wirbelsäule sowie den Vorder- und Hinterbeinen konnte nichts Schlimmes fehlen, das erkannte sie auf der Stelle. An der linken Brustwand war jedoch ein Loch. Das musste sie genauer untersuchen. Dort war die Haut etwas eingestülpt und als sie vorsichtig daran zog, fiel die Katze wieder auf die Seite. Daraus folgerte sie, dass das Fell mitsamt einer gebrochenen Rippe das Brustfell perforiert haben musste. Durch das Herausziehen der Haut strömte Luft in den Brustkorb ein und ließ die Lunge kollabieren.

Die Katze schien tot zu sein, doch so schnell wollte

die ehrgeizige Tierärztin nicht aufgeben, auch wenn sie nicht einmal wusste, wem das Tier gehörte.

Hier war unkonventionelles Arbeiten gefragt. Die Helferin musste den Finger in das Loch im Brustkorb stecken und die Ärztin verschloss es in aller Eile mit einer sogenannten Tabaksbeutelnaht. Darauf folgte eine Mund-zu-Nase-Beatmung und Herzdruckmassage. Unglaublich, aber wahr, die Katze überlebte.

Weil ein Mikrochip unter der Haut implantiert war, konnte die Besitzerin ermittelt werden. Die Bezahlung der Rechnung war somit auch kein Problem.

Es ist zwar selten, dass man auf diese Art und Weise neue Kunden generiert, aber in diesem Fall war es wirklich so.

Taiga, so hieß die Mieze, half bei der Erweiterung des Kundenstamms auch noch eifrig mit. Ein Jahr später brachte sie nämlich fünf Junge zur Welt.

Die Henne Lisbeth

An den Universitäten lernen Studenten die tierärztliche Praxis in den öffentlichen Klinikstunden kennen. Meistens ist es der Oberarzt, aber manchmal auch der Professor, der die Sprechstunde abhält.

In einer dieser Sprechstunden, es war 1978 an der Humboldt-Universität zu Berlin, war der Professor mit etwa zehn lernwilligen Studenten dienstbereit, als eine ziemlich aufgebrezelte Dame mit einer weißen Leghornhenne in den Untersuchungs- und Behandlungsraum kam.

Die Dame berlinerte wie es nur ein waschechter Berliner kann. Ihre Lieblingshenne *Lisbeth* hatte sie dabei. Zuerst aber erzählte sie ihre Geschichte. Zuhören können, dachte sich der Professor, das müssen die angehenden Tierärzte hier auch lernen.

Die Frau wohnte im Prenzlauer Berg in einer kleinen Wohnung. Die Studenten kannten die Wohnlage dort; viele von ihnen hatten dort ihre Studentenbude. Die Wohnungen waren alle ziemlich heruntergekommen, hatten zumeist ein Außenklo und waren deshalb nur schwer vermietbar, für ein schmales Studentenbudget aber bezahlbar. Die Frau hatte vier Hühner, die sie in ihrer Wohnung hielt und über alles liebte. Außerdem profitierte sie davon, dass die Hennen sie jeden Tag mit Eiern versorgten.

Ihre liebste Henne war seit gestern erkrankt. Mit einem Blick diagnostizierte der Professor einen Legedarmvorfall, der bei dieser Rasse, genetisch bedingt, nicht selten vorkam.

Von ihrer Mutter hatte die Frau gehört, dass man eine derartige Krankheit nicht heilen könne. Ein solches Huhn tauge nur noch für eine gute Hühnersuppe. Das wollte sie aber auf keinen Fall und deswegen kam sie heute, weil sie gehört hatte, dass der Professor persönlich anwesend sein würde. Besser als ihre verstorbene Mutter wüsste der sicher, wie man Lisbeth helfen konnte.

Gekonnt reponierte der Klinikchef den Vorfall.

Eine sogenannte Tabaksbeutelnaht beendete den Eingriff.

Dankbar verabschiedete sich die Frau. Da wusste sie noch nicht, dass ihre Mutter recht behalten würde.

Der vornehme Herr

Wenn es um die Identifizierung von menschlichen Parasiten geht, vertrauen viele Tierbesitzer ihrem Tierarzt eher als ihrem Hausarzt. Warum das so ist, kann man nur vermuten. Vielleicht, weil Parasiten auch Tiere sind.

Ein älterer Herr, sehr kultiviert, kam mit seinem Afghanen in die Tierarztpraxis.

Er behauptete, der Hund müsse Flöhe haben. Die Tierärztin untersuchte das Tier sehr intensiv, fand aber nichts. Das war freilich nicht ganz ungewöhnlich, denn Flöhe bei einem Hund mit so viel Fell und Unterwolle nachzuweisen, das war manchmal nicht so leicht. Da der Besitzer trotz des negativen Untersuchungsbefundes eine Flohprophylaxe verlangte, führte die Doktorin eine Spot-on-Behandlung durch, wobei sie besonders darauf achtete, dass das Präparat direkt auf die Haut aufgetragen und nicht in den Haaren verteilt wurde. Sonst wäre die Wirksamkeit eingeschränkt gewesen.

Nach einer Woche kam der Herr aber wegen des gleichen Problems wieder in die Praxis. Dieses Mal fragte die Doktorin etwas genauer nach. Sie wollte wissen, wie denn die Flöhe aussehen würden und wo er sie gefunden habe. Da drückte er sich weiter sehr unpräzise aus. Die Flöhe seien vom Hund auf ihn gewandert und jetzt würden sie nicht mehr zum Hund zurück wollen, verständlicherweise, weil der Hund ja erst letzte Woche behandelt worden sei. Mit dieser Erklärung konnte die Tierärztin nichts anfangen und bohrte weiter, wo er die Flöhe denn gesehen habe. Ja, zwischen seinen Schamhaaren würden sie herumkrabbeln, gestand er ganz kleinlaut.

Eigentlich hätte sie ihn jetzt zu einem Hautarzt schicken sollen, doch sie merkte, wie unangenehm ihm sein Parasitenbefall war und dass er nur zu ihr Vertrauen hatte. Deshalb schlug sie ihm vor, er solle am nächsten Tag ein Exemplar seiner Krabbeltiere in die Tierpraxis bringen, damit sie sich diese anschauen konnte. Dieses Angebot nahm er überaus dankbar und erleichtert an.

Das Erkennen von Filzläusen ist für einen Tierarzt kein Problem und die Hilfe zur Behandlung dieser Geschlechtskrankheit heutzutage mit Unterstützung von Dr. Google und einer Apotheke ebenso wenig.

Das Huhn im Paradies

Eine junge Tierärztin hatte vor wenigen Wochen ihre erste Assistentenstelle in einer Gemischtpraxis angetreten. In solchen Praxen war es vor allem früher gang und gäbe, dass sich der Praxisinhaber weiter um die *normale* Kundschaft mit Pferden, Rindern und Schweinen kümmerte, alle für ihn *exotischen* Aufgaben mit Hunden, Katzen, Heimtieren und Geflügel jedoch seiner Assistentin überließ.

Wegen eines Huhnes, das zu große Eier legte, wurde sie zu einem Hausbesuch gerufen.

Die freundliche Anruferin empfing sie schon am Gartentor. Hinter dem Haus erblickte die Doktorin ein Hühnerparadies auf Erden. Alles, was ein Huhn zum glücklichen Leben braucht, konnte man dort finden. Neben einem Gartenhäuschen mit überdachter Voliere und Nestern für die Eiablage standen den Hühnern ein Sandbad und ein künstlich angelegter Wasserlauf zur Verfügung. Die auf einer Wiese freilaufenden Tiere, es waren sechs, gehörten zu der eher seltenen Rasse der Rhodeländer. Zusammen mit einem Hahn bildeten sie eine Gruppe wie aus dem Bilderbuch.

Jedes Huhn legte fast täglich ein hellbraunes Ei und das wurde in einem Hühnertagebuch mit Datum und Gewicht akribisch festgehalten.

Eine der Hennen neigte seit Kurzem dazu, immer

häufiger übergroße Eier zu legen, was der Besitzerin natürlich nicht entgangen war. Auch den anderen Hennen
nicht.

Man könnte fast meinen, sie waren neidisch wegen der großen Eier. Ständig pickten sie nämlich an ihrer Kloake, die durch das Legen der übergroßen Eier bereits wund geworden war.

In Hühnerbüchern hatte die Halterin gefunden, dass es sich vermutlich um eine genetisch angelegte Krankheit bei dieser Hühnerrasse handelte. Dabei verursachen die Rieseneier eine verstärkte Ausstülpung des Legedarms, was zu einem unheilbaren Legedarmvorfall führen kann.

Die Tierärztin bestätigte die Vermutung und versprach, für die Henne ein Präparat ausfindig zu machen, das das Eierlegen verhinderte.

Ein Medikament zur Verhinderung der Läufigkeit bei Hündinnen wurde der Henne alle paar Monate gespritzt und brachte den Erfolg.

So wurde das Huhn zur gesunden und glücklichen Frührentnerin.

Der Hund und die Kirschen

Ausgerechnet an Heiligabend wurde der Mischlingsrüde *Lumpi* als Notfall in eine Gemischtpraxis auf dem Land gebracht. Weil er nicht mehr normal laufen konnte, wurde er in die Praxis getragen. Im Untersuchungsraum konnte er sich nur mühsam auf den Beinen halten. Andauernd knickte ein Bein weg und als er merkte, wo er war, wollte er flüchten, kam aber nicht einmal bis zur Türe.

Auf dem Untersuchungstisch konnte die Tierärztin leicht verzögerte Reflexe und eine hochgradig rumpelnde Darmtätigkeit feststellen. Irgendetwas Unbekömmliches hatte der auf dem Hof freilaufende Hund wohl gefressen. Die Doktorin tippte auf eine Alkoholvergiftung. Vor Jahren hatte sie schon einmal torkelnde Rinder gesehen, die Pflaumen gefressen hatten, die bereits in alkoholischer Gärung waren. Sie erinnerte sich, dass diese sich ähnlich bewegt hatten.

Mitten im Winter kam so etwas aber nicht in Frage.

Der Landwirt konnte sich auch nicht erklären, was der Hund gefressen haben könnte. Deswegen verabreichte die Ärztin eine Injektion zur Beruhigung und Entkrampfung des Darmes. Falls ihre Vermutung in Richtung Alkoholvergiftung stimmen sollte, so würde sich das Problem von alleine lösen. Sie entließ den Hund mit der Verpflichtung, ihn genau zu beobachten.

Am ersten Weihnachtsfeiertag sollte der Bauer wieder berichten.

Der Anruf kam am nächsten Morgen während des Frühstücks. Es wurde ihr mitgeteilt, dass der Hund eine Riesenmenge Kirschkerne mit dem Kot ausgeschieden habe.

Kirschen an Weihnachten?

Die Lösung lieferte die Bäuerin. Sie wollte für das Weihnachtsdessert etwas ganz besonders Leckeres auf den Tisch zaubern, hatte in der Vorratskammer nach in Alkohol eingelegten Früchten gesucht und war dabei auf die – ihrer Meinung nach – nicht mehr genießbaren Schnapskirschen gestoßen.

Diese hatte sie auf dem Mist entsorgt, wo sie Lumpi gefunden und gefressen hatte.

Der unmögliche Wunsch

Eine Hundebesitzerin stellte ihren etwa siebenjährigen Langhaardackel wegen einer Hinterhandschwäche in der Kliniksprechstunde vor. Beim wilden Herumtollen mit einem anderen Hund hatte er am Morgen plötzlich aufgeschrien und zeigte seitdem Lähmungserscheinungen. Die meiste Zeit saß er nur auf seinem Hinterteil und wenn der Tierarzt ihn anfassen wollte, schnappte er nach dem Untersucher. Der ganze Vorbericht deutete auf einen schmerzhaften Bandscheibenvorfall hin.

Die Besitzerin war eine sehr resolute Frau, etwa fünfzig Jahre alt. Sie hatte sich schon vor der tierärztlichen Untersuchung vorgenommen, dass sie den Hund einschläfern lassen wollte.

Egal, welche Vorschläge zu Diagnostik und Therapieversuch ihr gemacht wurden, sie lehnte alles ab. Der Dackel ihrer besten Freundin habe genau die gleiche Krankheit gehabt und sei nie mehr gesund geworden. Für die Riesensumme, die ihre Freundin damals bezahlen musste, hätte man eine schöne Urlaubsreise machen können.

Der Doktor versuchte ihr zu erklären, dass jede Krankheit anders sei und er schon gesehen habe, dass Hunde mit ähnlichen Symptomen nach einer Woche wieder laufen konnten. Er jedenfalls würde den Hund erst einschläfern, wenn er sicher sei, dass man nicht oder nur mit ungewissem Ausgang bei sehr hohen Kosten helfen könnte. Daraufhin packte die Frau ihren Hund wortlos in ihre Tragetasche und verschwand. Aus der Klinik kümmerte sich keiner weiter um den Fall; man war sich einig, richtig gehandelt zu haben.

Einige Wochen später wurde der konsultierte Tierarzt von der Polizei vorgeladen. Es wurde gegen diese Frau, eine Altenpflegerin, ermittelt. Sie hatte im Kreis ihrer Arbeitskolleginnen damit geprahlt, ihren Hund selbst mit einer Überdosis Insulin eingeschläfert zu haben. Eine von ihnen war von dieser Brutalität so sehr geschockt, dass sie sofort eine Anzeige bei der Polizei machte. Vielleicht hatte sie dabei auch daran gedacht, dass es schon Altenpfleger gegeben hatte, die unnötige Insulininjektionen bei ihren Patienten durchgeführt hatten.

Auch der Tierarzt konnte über den Besuch der Frau in der Klinik wahrheitsgemäß keine entlastenden Aussagen machen.

So wurde sie wegen eines Verstoßes gegen das Tierschutzgesetz zu einer Geldstrafe verurteilt.

Die festliegende Kuh

Die Geburtshilfe in der letzten Nacht war für die Tierärztin sehr anstrengend gewesen. Nicht nur für sie, auch für den Bauern, der die ganze Nacht assistiert hatte. Es war schon 2 Uhr in der Frühe, als sie endlich mit vereinten Kräften das Kalb zur Welt gebracht hatten. Als die Ärztin dann schließlich wieder zu Hause ankam, war weitere Schlafenszeit verstrichen. Kurz bevor sie einschlafen konnte, hörte sie noch von der Straße her die ersten Frühaufsteher, die mit ihren Autos zur Arbeit fuhren.

Nun sind Großtierpraktiker oft *Langschläfer* und die ab der morgendlichen Melkzeit gegen 6 Uhr eingehenden Telefonanrufe der Bauern werden vom Ehepartner oder einer Tierarzthelferin angenommen. Aufgrund der Anrufe wird dann die Vormittagstour zusammengestellt.

Etwas verspätet startete die unausgeschlafene Doktorin an diesem Tag ihre Besuchsrunde.

Auch der Bauer, mit dem sie letzte Nacht bei der Geburtshilfe so gut Hand in Hand gearbeitet hatte, hatte schon angerufen; die Kuh würde jetzt festliegen.

Ein typischer Fall von Milchfieber. Ein Notfall. So fuhr sie als erstes erneut auf den Hof. Sie hupte vor dem Stall, doch keiner kam. Sie klingelte am Haus, keiner öffnete.

Also ging sie rein in den Stall; die festliegende Kuh konnte ihren Platz sicher nicht verändert haben. Hinter seinem Rindvieh lag der Bauer im Stroh und schlief den Schlaf eines Übermüdeten.

Verständlich nach so einer Nacht, dachte sich die Doktorin und begann mit der Behandlung. Als die Calcium-Infusion beendet war, schnarchte der Bauer immer noch.

Die Ärztin legte ihm vorsichtig die leere Infusionsflasche in die Hand, damit er beim Aufwachen sofort wusste, dass sie da gewesen war.

Die Praxisgebühr

Eine Kleintierärztin feierte nach der Abendsprechstunde ihren Geburtstag. Ein paar Gäste waren schon da und es wurden noch weitere erwartet. Als es erneut klingelte, ging die Doktorin zum Gartentor, um die Nachzügler zu begrüßen und hereinzulassen. Nun stand dort aber ein Mann, der nach der Tierärztin verlangte. Sie stellte sich ihm als Praxisinhaberin vor.

Von seiner Frau wusste der Mann, dass die Praxisräume im Erdgeschoss waren, die privaten Räume im ersten Stockwerk.

„Das ist doch ideal für alle Notfälle außerhalb der Sprechstunden", meinte er und deswegen würde seine Frau ihn auch schicken, denn er habe eine Zecke unterhalb der linken Pobacke.

Die Ärztin verwies ihn an einen Humanmediziner, doch der Mann weigerte sich zu gehen. Wieder so ein Fall mit Parasiten, wo die Patientenbesitzer mehr Vertrauen zum Tierdoktor als zum Hausarzt haben, dachte sich die Ärztin. Auf sein ehrliches Bitten hin willigte sie ein, sich die Zecke, so es denn eine wäre, anzusehen und zu entfernen.

Sie bat ihn ins Behandlungszimmer und während sie noch die Jalousien herunterließ, hatte der Mann bereits die Hose heruntergezogen und lag bäuchlings auf dem Behandlungstisch. Fast hätte sie einen Lachanfall bekommen. Nur der Anblick der vollgesogenen Zecke hielt sie davon ab. Mit ihrer in der Praxis erprobten Methode entfernte sie das Krabbeltier und klärte den Mann noch hinsichtlich einer möglichen Borreliose-Infektion auf.

Der Mann bedankte sich für die schnelle Hilfe und wollte die ihm von seinem Arzt bekannte Praxisgebühr entrichten.

Da das in der Tierarztpraxis nicht möglich war, hinterließ er aus Dankbarkeit für die schnelle, unkomplizierte Hilfe beim Verlassen der Praxis einen Obolus im Sparschwein der Helferinnen.

Die Geburtstagsfeier konnte weitergehen. Gesprächsthema Nummer eins war gefunden: „Wie kam die Zecke an den Männer-Po?"

Der abgestürzte Wellensittich

Die früher häufig in der Wohnung gehaltenen freifliegenden Wellensittiche waren immer besonderen Gefahren ausgesetzt. Außerhalb der normalen Sprechstundenzeiten scheinen die Gefahren aber nochmals um ein Vielfaches zuzunehmen.

So war auch dieses Mal der Tag schon fortgeschritten, als eine Frau mit einem Wellensittich im Schuhkarton bei ihrem Tierarzt klingelte. Ein Glück für sie, dass der Doktor Praxis und Wohnung im gleichen Hause hatte und auch noch selbst die Türe öffnete.

Er erfuhr, dass die Familie ein Geburtstagsessen – einen Gänsebraten – vorbereitet hatte. Feierlich versammelt hatten sie am festlich geschmückten Tisch gesessen. Die Gans war gerade tranchiert, als die Frau noch die Terrine mit der heißen Gänsebratensoße aus der Küche brachte und auf den Tisch stellte.

Ihr Wellensittich flog ihr hinterher und wollte wie gewohnt auf dem Kronleuchter landen, verfing sich aber in der ungewohnten Luftschlangen-Dekoration und stürzte ab. Eine Punktlandung in der Soßenterrine war die Folge.

Die Befreiungsbemühungen des Vogels, wildes Flügelschlagen, wollte die am nächsten sitzende Oma durch schnelles Zugreifen unterstützen.

Heiße Soßenspritzer überall! Einer davon im Auge

der alten Dame, die vor Schreck und Schmerzen auf-
schrie.

Das Geburtstagsmahl war schon beendet, bevor es
überhaupt angefangen hatte.

Der Mann fuhr mit seiner Mutter in die Augenklinik,
die Frau fuhr so schnell es ging zum Tierarzt. Der Doktor
säuberte das bräunlich-fettig verklebte Federkleid so gut
es ging mit Spülwasser. Trotz behutsamer Behandlung
gingen eine Menge Federn verloren.

Fast so nackt wie die Gans vor dem Anbraten war der
Sittich, als er wieder daheim in seinem – diesmal ver-
schlossenen – Käfig unter einer vom Tierarzt ausgelie-
henen Rotlichtlampe hockte.

Der geizige Bauer

Im Umgang mit seinen Kunden und deren Tieren wird von einem Veterinär ein ganz besonderes Einfühlungsvermögen gefordert. Das erkrankte Tier ist medizinisch – der Tierbesitzer verbal zu behandeln. Manchmal ist auch eine gehörige Portion schauspielerisches Talent von Nutzen.

Ein junger Tierarzt hatte eine Großtierpraxis übernommen. Um die Besonderheiten der einzelnen Bauern kennenzulernen, hatte er übergangsweise ein Jahr lang mit dem alten Doktor zusammengearbeitet. Neben den fachlichen Belangen hatten sie auch alle Eigenschaften jedes einzelnen Kunden genau besprochen, damit Vieh und Bauer individuell behandelt werden konnten.

Da der Tierarzt in den seltensten Fällen als Freund auf den Hof kommt, schließlich muss er ja bezahlt werden, würden die meisten Landwirte am liebsten auf ihn verzichten und alles selbst machen. Auch in diesem Fall ist jeder Bauer anders.

Bei einem seiner ersten Besuche seit der Praxisübernahme hielt der Doktor bei einer Kuh eines ganz besonders Bauernschlauen einen Ketosetest für angebracht, was dem Mann aber überhaupt nicht passte. Ausgerechnet immer dann, wenn er Wichtiges zu tun habe, wolle der Doktor so unnötige Untersuchungen durchführen. Als aber des Doktors Gesichtsausdruck immer bedenklicher wurde und er anfing, von drastischen Methoden und kompliziert klingenden Mitteln zu reden, die sonst gegebenenfalls notwendig werden könnten, bekam es der Bauer mit der Angst zu tun; es könnte sonst vielleicht noch teurer werden. Widerwillig stimmte er zu.

Für einen Ketosetest brauchte man damals Urin. Einen Schnelltest, für den man lediglich einen Blutstropfen benötigte, gab es noch nicht.

Da das Katheterisieren der Harnblase einer Kuh umständlich war und zusätzlich Geld kostete, schickte der Doktor den Bauern ins Haus, um ein Zahnputzglas zu holen. Damit sollte er den für die Untersuchung notwendigen Urin auffangen.

Er trug ihm auf, sich hinter die Kuh zu setzen, um darauf zu warten, dass diese urinierte. Daraufhin verabschiedete sich der Doktor mit dem Versprechen, in zwei Stunden wieder vorbeizukommen.

Der Gebärmuttervorfall

Gestern hatte die Kuh *Berta* eine Schwergeburt.

Bauer und Bäuerin hatten dem Tierarzt über Stunden geholfen, das Kalb auf die Welt zu holen. Heute lag Berta fest und zu allem Unglück kam auch noch ein Gebärmuttervorfall hinzu.

In höchster Eile fuhr der Doktor erneut auf den Hof, denn das war eine Situation, die schlecht ausgehen konnte.

Ein Gebärmuttervorfall bei einer festliegenden Kuh ist stets eine besondere Herausforderung.

Als erstes legte er eine Infusion. Vielleicht würde die Kuh doch noch aufstehen; das würde das Zurück-verlagern der Gebärmutter sehr vereinfachen.

Doch leider verweigerte die Kuh jede Kooperation.

Also zog man mit vereinten Kräften die Hinterbeine soweit es ging heraus, sodass der Doktor mit der Reinigung des im Stroh auf dem Stallboden liegenden Vorfalls beginnen konnte.

Dafür schleppten Bauer und Bäuerin eimerweise kaltes Wasser heran. Als der hinter der Kuh kniende Doktor meinte, die Gebärmutter sei nun ausreichend sauber, begann er, ächzend und schwitzend, den kür-bisgroßen Vorfall wieder in die Kuh hineinzuschieben. Eine anstrengende Aktion, die dem Rindvieh nicht ge-fiel. Es presste mit aller Macht dagegen. Dieser urwüchsigen Kraft hatte der Doktor nur noch einen Trick ent-gegenzusetzen.

Er forderte die Bäuerin auf zu helfen: „Setzen Sie sich mal auf den Rücken, damit sie mit dem Pressen auf-hört!"

Gleich darauf spürte er auch schon ihren ersten Gummistiefel über seiner rechten Schulter und die 70 kg schwere Bäuerin saß, schwupps, auf seinem Rücken.

Der Irrtum war schnell aufgeklärt und die Bauersfrau nahm mit hochrotem Gesicht den gewünschten Platz auf dem Rücken der Kuh ein.

Vor lauter Lachen hätte es der Doktor fast nicht mehr geschafft, sein Werk zu vollenden. Doch alles ging gut aus: Die Kuh hörte auf zu pressen und die Gebärmutter konnte erfolgreich zurückverlagert werden.

Der Jagdhund im Testament

Über jeden neuen Auftrag freute sich die junge Tierärztin. Sie hatte sich erst vor Kurzem niedergelassen; einen Berg von Schulden hatte sie abzutragen.

Wenn sie jeden Tag einen neuen Patienten bekommen würde, dann müsste es klappen, dachte sie sich und heute war es schon der zweite.

Sie sollte zu einem neuen Kunden ins Haus kommen, um dessen Hund einzuschläfern. Die Aufgabe kannte sie bereits aus ihrer Assistentenzeit. Viele Hundebesitzer scheuen den letzten Gang zum Tierarzt und möchten lieber, dass ihr altes oder unheilbar krankes Tier zu Hause eingeschläfert wird, um ihm unnötigen Stress zu ersparen.

Die angegebene Adresse erwies sich als ein schmuckes Einfamilienhaus, in das sie von der Dame des Hauses, ganz in schwarz gekleidet, hereingebeten wurde. Im Garten lief ein munterer Deutsch Drahthaar herum. Der konnte es nicht sein, den sie erlösen sollte, überlegte sie kurz. Doch gleich darauf wurde sie eines Besseren belehrt: Der Besitzer dieses Jagdhunds war vor wenigen Tagen gestorben und in seinem letzten Willen hatte er verfügt, dass sein Hund am gleichen Tag wie er beerdigt werden solle, und zwar im hinteren rechten Eck seines Gartens unter dem Apfelbaum.

Die Doktorin war geschockt. Sie begann eine längere

Diskussion mit der Witwe des Jägers. Keinesfalls werde sie diesen Auftrag ausführen.

Doch alles Diskutieren half nichts, auch nicht der Hinweis auf die Strafbarkeit und zuletzt sogar die Androhung einer Anzeige. Die Frau bestand darauf, dass der Wille ihres Mannes erfüllt werden müsse.

Wütend verlies die Tierärztin das Haus. Sie fragte sich, was mit dem Hund nun wohl geschehen würde. Die Frau hatte angedeutet, dass sie der Nachbarkollegin den Auftrag übertragen könne. Diese musste sie sofort warnen! Noch aus dem Auto rief sie dort vom Handy aus an und erfuhr von ihr, dass diese den Auftrag bereits gestern abgelehnt hatte. Es beruhigte die junge Tierärztin ungemein, dass sie beide sich nicht gegeneinander ausspielen ließen, trotz aller Konkurrenz.

Dem Hund half es trotzdem nicht. Denn durch Zufall erfuhr sie kurze Zeit später, dass ein mit dem Verstorbenen befreundeter Jäger den Hund noch am gleichen Tag erschossen hatte.

Die Kastration eines Hengstes

Bevor es die vielen Pferdekliniken in Deutschland gab, war es normal, einen Hengst beim Tierhalter zu Hause zu kastrieren. Jeder Landpraktiker hatte seine eigene Narkose- und Operationsmethode entwickelt und es ging auch meistens gut. Einem Vergleich mit dem heutigen Standard hielten allerdings auch die besten Methoden nicht stand.

Der neue Mitarbeiter in einer Landpraxis in Norddeutschland hatte schon vorher einige Jahre in einer Praxis in Bayern gearbeitet, musste also nicht eingearbeitet werden. Von seinem Chef wurde er zu einer Hengstkastration geschickt und er machte die Operation wie er es gelernt hatte: erst eine starke Beruhigungsspritze, danach eine örtliche Betäubung in die Hoden und schließlich die eigentliche Kastration. Die verlief problemlos.

Guter Laune wollte der Assistent gerade den Hof verlassen, als die Bäuerin ihn ans Telefon rief. Sein Chef war am Apparat. Er habe vergessen ihm zu sagen, dass er die Hoden mit nach Hause bringen solle.

Die waren eigentlich zwar schon entsorgt, konnten aber noch abgewaschen, eingepackt und mitgenommen werden.

Zurück in der Praxis verriet ihm der Chef ein Geheimnis: Ein guter Freund von ihm bezahle viel Geld für frische Pferdehoden, denn es war sein Lieblingsessen. Seine anderen guten Freunde vom Stammtisch waren auch interessiert, mussten allerdings wegen Lieferschwierigkeiten verzichten.

Offensichtlich operierte der Chef also ohne zusätzliche örtliche Betäubung! Denn Hoden mit Lokalanästhetikum müssen ungenießbar sein.

Er berichtete ihm daher von seiner in Süddeutschland gelernten Betäubungsmethode. Dort verzehren die *Feinschmecker* eher Bullenhoden.

Im Norden Deutschlands musste der gute Freund diesmal auf sein Lieblingsessen verzichten.

Die nächste Kastration eines Hengstes wurde dann aber wieder ohne Lokalanästhesie durchgeführt.

Die unvergessliche Silvesternacht

Die junge Assistenztierärztin einer großen Landpraxis hatte an Silvester Bereitschaftsdienst. Das war für sie auch vollkommen in Ordnung, schließlich hatte der Chef ihr über Weihnachten freigegeben. So konnte sie zu ihrer Familie fahren, während der Praxisinhaber fünf Tage lang alleine die Praxis versorgte.

Den letzten Tag des Jahres über gab es genug zu tun: am Vormittag die Kleintiersprechstunde und nach dem Mittagessen eine Tour über Land. Am Abend wollte sie sich vor dem Fernseher ausruhen. Selbstverständlich ohne Alkohol, auch wenn Silvester war.

Dem Bauern war es zwar nicht peinlich, aber gepasst hat es ihm auch nicht, dass er wegen der Kuh, die gerade gestern die schwere Geburt gehabt hatte, um diese Zeit – es war schon 22 Uhr – den Tierarzt rufen musste.

Bei einem Gebärmuttervorfall durfte er nicht warten, das hatte ihm der Doktor plausibel erklärt.

Als die Assistentin auf den Hof fuhr, hatten sie schon alles vorbereitet. Der Wasserschlauch zum kalten Abwaschen des vorgefallenen Organs war angeschlossen, ein glattes Brett und einige große Laken lagen bereit. Außerdem war ein kleiner Tisch für die Instrumente bereitgestellt. Die Doktorin machte sich an die Arbeit, so wie sie es bei ihrem Chef gelernt hatte. Die Rückverlagerung der Gebärmutter gestaltete sich schwieriger als gedacht und die junge Frau geriet mächtig ins Schwitzen. Doch irgendwann hatte sie es endlich geschafft!

Der linke Arm steckte noch zur Sicherung des Organs in der Kuh, mit der rechten Hand griff sie nach hinten zu den Instrumenten und Geräten, mit denen man die Scheide verschließt ... da drückte ihr die Bäuerin ein Sektglas in die ausgestreckte Hand!

Die ganze Familie des Bauern stand hinter ihr im Kuhstall, jeder erhob sein Glas und alle wünschten der Doktorin ein gutes neues Jahr.

Das Grab im Garten

Die junge Tierärztin arbeitete in einer Gemischtpraxis im Schwarzwald. Während des gemeinsamen Mittagessens bei der Familie des Praxisinhabers kam ein Anruf. Eine resolute Frauenstimme bestellte den Tierarzt für den Abend zu einem Hausbesuch. Der Berner Sennenhund der Anruferin habe zum wiederholten Mal einen Briefträger gebissen und solle heute noch eingeschläfert werden. Für Hunde, Katzen und andere Kleintiere war die Assistentin zuständig, der Chef kümmerte sich lieber um seine Bauern.

Die Doktorin übernahm den Anruf und bekam die Order, *wegen der Nachbarn* erst nach Einbruch der Dunkelheit zu kommen. Das sollte Anfang November, als es vor 18 Uhr schon dämmerte, kein Problem sein.

Auf ihre Nachmittagstour nahm sie schon mal alles mit, was sie für die Einschläferung brauchte. Hausbesuche bei Kleintieren waren nämlich die Ausnahme. Rechtzeitig hatte sie alle für sie geplanten Stallbesuche erledigt, als sie nach längerem Suchen endlich die angegebene Adresse fand.

Mit der Behandlungstasche in der Hand stand sie vor dem Gartentor und traute sich nicht herein, denn der Hund hatte sie schon bemerkt, und bellte wie es sich für einen normalen Haushund gehört. Eine Haustürklingel suchte sie vergeblich. Läuten war aber auch gar nicht mehr nötig, denn die Hausbesitzerin war bereits auf sie aufmerksam geworden, und erschien am Tor.

Sie begrüßte die Ärztin und erklärte ihr, dass sie den Hund am Haus angebunden habe. Beide gingen durch den Vorgarten in Richtung Gebell. Neben dem Weg zum Haus war eine große Grube ausgehoben. Noch bevor die Doktorin sich darüber Gedanken machen konnte, wurde sie aufgeklärt: Der Mann hatte auf ihr Geheiß hin an eben dieser abgeernteten Stelle des Gemüsebeetes am Nachmittag das Grab für den Hund vorbereitet. Danach hatte er das Haus verlassen, weil er beim Einschläfern nicht dabei sein wollte.

„Dieser Feigling!", tat sie noch ihre Meinung über ihn kund.

Das Bellen des Hundes wurde aggressiver, je näher sie kamen. Die Situation war sehr bedrohlich.

An das Tier kam die Ärztin jedenfalls so einfach nicht heran, das war zu gefährlich. Deswegen besprachen sie die Vorgehensweise, weil die Doktorin den Hund so schnell wie möglich ruhigstellen wollte. Darauf nahm die Frau den Strick des Hundes, führte ihn durch eine Schlaufe an der Hauswand, zog seinen Kopf an die Wand und stellte sich breitbeinig über das Tier, als ob sie auf ihm reiten wollte. Nun war es möglich, ihm eine Beruhigungsspritze in den Hinterschenkel zu geben. Die Tierärztin hatte extra ein Medikament gewählt, dass er schon zehn Minuten später tief schlief. Danach folgte die Injektion, die zur Tötung des Hundes führte.

Zur Abrechnung des Besuchs gingen sie anschließend

ins Haus. Mit unterschwelligem Murren bezahlte die Frau; schließlich bat sie noch um einen Zahlungsbeleg – weil ihr Mann doch Postbeamter sei, fügte sie entschuldigend hinzu.

Gerade als sich die Ärztin verabschieden wollte, hörten sie einen Schrei aus dem Garten. Als beide nach draußen eilten, krabbelte der Hausherr gerade auf allen vieren aus der Grube. Während sein Hund eingeschläfert wurde, hatte er sich betrunken. In seinem Rausch hatte er wohl vergessen, dass er am Nachmittag das Grab geschaufelt hatte.

Das hustende Pony

Im Südschwarzwald ist die Luft bekanntermaßen besonders gut. Ein Luftkurort reiht sich an den anderen.

Bei schönstem Wetter kam eine Tierärztin dort in ein kleines Dorf, um ein Pferd zu behandeln. Die Atemwege dieser Vierbeiner sind vermutlich noch wesentlich empfindlicher als die des Menschen. Dennoch sind hustende Pferde in dieser Gegend eher die Ausnahme, denn sie sind viel draußen an der frischen Luft, auf saftigen Weiden.

Ein Pony war die Ausnahme von der Regel. Angeblich hustete es trotz bester Luftverhältnisse schon seit Wochen. Bei ihrem Hausbesuch untersuchte die Doktorin das Pony gründlich und kam zu der Überzeugung, dass ACC, als Pulver verabreicht, die stark verschleimten Atemwege wohl am besten reinigen könnte.

Da das Pony ungern Medikamente nahm, aber wie alle Pferde gerne Äpfel fraß, sollte das nach Vorschrift abgemessene Pulver in das mit einem Apfelausstecher vorbereitete Obst gegeben werden. So besprach es die Doktorin mit der Ponybesitzerin.

Als die Tierärztin eine gute Woche später zur Nachkontrolle kam, ging es dem Pony schon deutlich besser. Das Hustenpulver war vollständig aufgebraucht, obwohl noch eine Restmenge hätte vorhanden sein müssen. Neugierig fragte sie bei der Ponyhalterin nach.

Die Frau berichtete daraufhin ganz glücklich, dass es der Oma des Hauses nun endlich wieder besser gehe! Aus Versehen habe diese nämlich gleich am nächsten Morgen den ersten mit ACC-Pulver angereicherten Apfel gegessen – mit einer Dosis für ein 300 Kilogramm schweres Pony! – und schnell gemerkt, dass sich ihr Bronchialschleim so wunderbar löste.

Daraufhin präparierte die Frau jeden Abend zwei Äpfel: Einen für das Pony und einen, mit angepasster Dosierung, für ihre Mutter.

Die nächsten Tage nahm die Oma – zusammen mit dem Pony – einen *gefüllten Apfel* und siehe da: Auch ihre altersbedingten Depressionen verschwanden.

Katerbesitzer trifft Tierärztin nach der Kastration.
„Gott sei Dank haben wir dem die Dinger weggemacht. Endlich hat er aufgehört zu schreien. Die müssen dem echt wehgetan haben."

Katzenbesitzerin zweifelt Trächtigkeitsdiagnose an:
„Unmöglich! Die kommt nachts nie raus."

Anrufer:	„Kann ich Dr. A. sprechen?"
Praxisvertreter:	„Dr. A. ist in Urlaub. Was kann ich für Sie tun?"
Anrufer:	„Danke. Ich ruf dann wieder an."

Nach einer Woche, derselbe Anrufer, der gleiche Wortlaut.
Nach zwei Wochen:

Anrufer:	„Kann ich Dr. A. sprechen?"
Praxisvertreter:	„Moment, ich verbinde. Sie haben Glück, der Doktor ist gerade aus dem Urlaub zurück."
Dr. A.:	„Was kann ich für Sie tun?"
Anrufer:	„Haben Sie Wurmtabletten für meinen Hund?"

Anrufer:	„Herr Doktor! Mein Hund ist krank. Was kostet das?"
Tierarzt:	„Kommt darauf an, was gemacht werden muss."
A:	„Aber kosten tut es auf jeden Fall?"
T:	„Ja, natürlich."
A:	„Und ich dachte, Sie sind tierlieb!"

Hundebesitzerin, beim Hausbesuch des Tierarztes vom eigenen Hund gebissen.

Sie:	„Ich blute, oh, ich blute, ja so eine Sauerei!"
Tierarzt:	„Halten Sie einfach die Tasse drunter."
Sie:	„Ja, meinen Sie das hört dann auf?"

Kundin hat Probleme mit der Tabletteneingabe bei ihrem Hund.

Zur Tierärztin:	„Wenn ich die Tabletten geteilt habe, sind sie so scharfkantig, dass ich Angst haben muss, damit den Po zu verletzen."
Tierärztin:	„Das sind Tabletten zum Schlucken, sonst wären es doch Zäpfchen!"
Kundin:	„Aber die sind doch für den Darm!"

Besitzerin eines jungen Katzenpärchens beim ersten Tierarztgespräch: „Wieso denn kastrieren lassen? Das sind doch Geschwister!"

Ein alter Mann ohne Begleitung eines Tieres, kommt an die Anmeldung der Praxis.
„Ich habe den Termin um 10 Uhr."
„Was soll gemacht werden?"
„Fango und Massage."
„Da sind sie bei uns falsch, die Physiotherapie ist einen Eingang weiter."
„Dann sollen die hierher kommen!"
„Das geht nicht, wir haben hier keine Massageliegen."
„Hier gefällt es mir aber besser. Hier ist alles besser!"
„Wir machen aber kein Fango und keine Massage."
„Aber erst trink ich hier noch einen Kaffee!"

Hundebesitzer will seinen Hund auf den Behandlungstisch heben.
Azubi: „Kriegen Sie ihn alleine hoch oder soll ich Ihnen helfen?"
Besitzer lachend: „Das sollten Sie mir schon noch zutrauen!"

Bei der Anmeldung.

Tierärztin: „Da haben Sie uns aber das falsche Geschlecht angekreuzt."

Hundewelpen-besitzer: „Nein, nein, wir hatten uns auch erst gewundert, dass da was am Bauch fehlt. Aber der Züchter hat gesagt, das wächst noch raus."

Männlicher Azubi erzählt von seinem Brasilienurlaub.

„Also Chef, ich glaub, in Brasilien gibt's nur Fußballspieler und Prostituierte."

„Ach so. Weißt Du eigentlich, dass meine Frau Brasilianerin ist?"

„Und bei welchem Verein hat sie gespielt?"

Der Humaninternist zur Tierarztfrau.

„Liebe Frau, Sie gefallen mir gar nicht!"

„Sie sind aber auch nicht der Schönste, Herr Doktor."

Hundebesitzerin: „In seinem Urin haben wir rote Punkte entdeckt. Ist das Sperma?"

Hundebesitzerin nach Osteopathie-Behandlung bei ihrem Pudel.

„Also Frau Doktor, die Osteoporose, die sie letztes Mal gemacht haben, die hat ja Wunder gewirkt."

Katzenbesitzerin bringt Kater zur Kastration.

„Guten Morgen. Ich wollte meinen Kater zur Beschneidung abgeben."

Katzenbesitzer bringt Kater zur Kastration.

„Warum kann man denn nicht nur eine Unterbindung machen?"

„Weil nicht kastrierte Kater in der Wohnung ihr Revier markieren."

„Bisher war er aber immer so höflich und ging auf die Toilette."

Kundin: „Bitte reden Sie heute etwas lauter!"
Tierärztin: „Warum, was ist passiert?"
Kundin: „Heute hab ich wieder diesen furchtbaren Titinnus."

Heiligabend zur Bescherungszeit im Behandlungsraum.

Hundebesitzerin: „Na Kinder, war der Weihnachts-
mann denn schon fleißig?"

Tierarztsohn: „Nee, der war noch gar nicht da, wir
müssen ja jetzt erst noch den blöden
Hund nähen."

Tierarzt und Bauer im Gespräch.

Bauer: „Doktor, meinst Du mich?"

Tierarzt: „Nein, Dich duze ich nicht!"

Hundebesitzerin beim Ausfüllen des Anmeldeformulars.

„Vorname? Vorname? Wieso Vorname? Mein Hund hat
keinen Vornamen!"

Bäuerin fragt Tierärztin: „Frau Doktor, Sie machen doch
diese Leberegelbehandlung bei Pferden?"
„Sie meinen die Blutegelbehandlung?"
„Ich dachte doch nur, Sie könnten sie auch bei meinen
Kühen machen."

Tierärztin zum Jungbauern im Kuhstall.
Tierärztin: „Das müssen Sie aber noch lernen!"
Er:　　　　　„Was?"
Tierärztin:　„Na, das Hochhalten vom Schwanz!"

Edle Dame mit edlem Hund, Tierärztin mit Mischling, beide im Park unterwegs.
Dame:　　　„Nehmen Sie gefälligst Ihren Mischling an die Leine!"
Tierärztin:　„Das ist kein Mischling, das ist ein Ungarischer Jagddackel!"

Nächtliche Anruferin: „Herr Doktor, meine Katze schreit so fürchterlich und wälzt sich vor Schmerzen auf dem Boden."
„Wie alt ist Ihre Katze?"
„Ein halbes Jahr, aber was hat das denn mit Schmerzen zu tun?"
„Ist sie kastriert?"
„Nein, aber was hat das denn nun mit den Schmerzen zu tun?"
„Na ja, Liebeskummer ist auch bei Katzen schmerzhaft."

Tierarzt zur Kundin mit ihrer Katze voller Flöhe.

Er: „Es reicht nicht, nur die Katze zu behandeln. Sie müssen alle Liege- und Schlafstellen im Haus säubern, waschen und einpudern."

Sie: „Schlafen tut sie auch bei mir im Bett."

Er: „Da werden sicher 5 kg Flohpulver ausreichen."

Hamsterbesitzerin beim Tierarzt.

Sie: „Der Hamster hat Hodentumore."

Doktor: „Nein, nein, die sind beim Hamster so groß."

Sie: „Das kann nicht sein. Ich hab das mal mit meinem Mann verglichen."

Junger Mann ohne Tier bei einer Tierärztin an der Anmeldung.

Sie: „Kann es sein, dass Sie hier falsch sind?"

Er: „Warum? Ist das hier eine gynäkologische Praxis?"

Tierarzt untersucht den neugekauften Rassehundwelpen und kontrolliert die Tätowierung im Ohr, da meint der fünfjährige Sohn der Familie: „Mama, da steht ja noch der Preis drin!"

▬〔▥▥▭── von einem Hund, in dessen Maul sich mehrere große Steine verkeilt hatten und die nach der Narkosemittel-Injektion von alleine wieder herausfielen,

▬〔▥▥▭── von einer schneeweißen Katze, die nach einem Wohnungsbrand von der Feuerwehr eingefangen wurde und auf einmal cremefarben war,

▬〔▥▥▭── von Obstbäumen auf Wiesen, die zur Erntezeit eingezäunt wurden, um Tieren einen Rausch zu ersparen,

▬〔▥▥▭── von bösartigen Mutterschweinen, die mit einem Liter Bier ruhig gestellt wurden, damit sie ihre Ferkel nicht fraßen,

▬〔▥▥▭── von zwei Italiener-Machos, die beim Nähen ihres Kampfhundes ohnmächtig wurden,

▬〔▥▥▭── von einem Bauern, der die Tierärztin bat, die Paillette andersrum in die Besamungspistole zu legen, damit die Kälber nicht immer in Steißlage geboren würden,

▬〔▥▥▭── von einem aggressiven, entlaufenen Schwein, das mit Hilfe von Schnaps wieder eingefangen werden konnte,

—▭— von einem Frettchen, das in der Silvesternacht alle verschütteten Alkoholika aufschleckte und an Neujahr mit einem Kater zum Tierarzt gebracht wurde,

—▭— von einem Labrador, dessen bevorzugte Leckerbissen möglichst lange getragene Socken waren,

—▭— von einem anderen Labrador, der, nach ein paar Tagen mit Bauchschmerzen, einen tigergemusterten String Tanga ausschied,

—▭— von einem Kater, der ausgerechnet während eines Thrillers im Fernsehen mit einer Pfote auf die Taste des Anrufbeantworters drückte und eine Männerstimme im Hausflur sprechen ließ,

—▭— von einer Universitätsdozentin, die Tiermedizin-Studierenden von ihrer *voll kopulationsfähigen Scheide* nach Hysterektomie berichtete,

—▭— von einem Hund mit *elliptischen Anfällen,*

—▭— von einem alten Ehepaar, das ihren jungen Kater vor der Kastration *erst noch einmal bumsen* lassen wollte, von einem alten Mann, der dem toten Hund noch drei Tage lang Futter hinstellte und dann erst den Tierarzt rief,

von einem naiven Hundebesitzer, der nicht glauben wollte, dass die Packung mit Rattengift auch für seinen Hund schädlich sein könnte,

von einem Schlachter, der sich geschnitten hatte und beim Anblick des eigenen Blutes kollabierte,

von einer Hundebesitzerin, die nachts im Bett eine Zecke an ihrem Hund fand und, weil sie so aufgeregt war, im Nachthemd und Bademantel in die Praxis kam,

von einem Welpenbesitzer, der eine Rolle Kotbeutel im Umkarton in der Praxis kaufte und die Kotprobe dann doch im aufgeweichten Umkarton in die Praxis brachte,

von einem Besitzer einer jungen Katze, der die Entwurmungspaste über den After eingab (– wofür hatte die sonst so eine lange Applikatorspitze aus Plastik?)

— von einem Schäferhund, der statt Augentropfen aus der ähnlich aussehenden Tube Sekundenkleber aufgeträufelt bekommen sollte, aber zum Glück die Augen fest zusammenkniff,

— von einem jungen Hundebesitzer, der zur Entfernung einer Zecke in die Praxis kam, der aber sieben Zecken übersehen hatte, wie er dort bestürzt feststellte (– es waren die Zitzen),

— von einer Schafhalterin, die zur Bezahlung die Versichertenkarte der DAK vorlegte,

— von der Katze aus dem 2. Stockwerk, die nie aus der Wohnung kam, aber vom Bruder aus dem Erdgeschoss geschwängert wurde,

— von einer Schäfer-Mix-Hündin, deren Besitzerin nicht glauben wollte, dass der Dackel ihrer Tochter der Vater der niedlichen Welpen sein konnte,

— von einem Tierchen, das vor einer Tierpraxis mit einem von Kinderhand geschriebenen Zettel mit der Aufschrift – „Bitte kümmern Sie sich um mein Meerschweinchen, mein Vater wollte es an die Wand schmeißen" – ausgesetzt wurde, von einem Kampfhundebesitzer, der bei der Wundversorgung ohnmächtig wurde und länger schlief als sein Hund,

von einer toten Vogelspinne, die einem Jungen beim Spielen vom Tisch gefallen war,

von einer Internistin, die eigentlich Tierärztin werden wollte und in deren Praxis sich regelmäßig Hunde- und Katzenbesitzer verliefen,

von einer Schülerin, die gerade einen Erste-Hilfe-Kurs beendet hatte und in der Praxis den Kopf ihrer toten Ratte in den Mund nahm, um durch Pusten in Mund und Nase deren Wiederbelebung zu bewirken,

von einer zur Operation nüchtern einbestellten Bauernhündin, die nach der Beruhigungsinjektion die komplette Nachgeburt einer Kuh mitsamt Spulwürmern erbrach,

von Irish-Terrier-Welpen, die eine Lahmheit vortäuschten, indem sie nur auf drei Beinen liefen, wenn man ihnen ein Halsband anlegte,

von einer Uniklinikchefin, die zufällig zu einer Ultraschallunterweisung für Studierende kam und lebende Welpen dort erkannte, wo sich lediglich der Darm gerade etwas bewegte,

— von einem Landwirt, der sein Pferd auf *dauerhafte Unbrauchbarkeit* versichert hatte und nach dem Tod des Pferdes mit Hilfe des Tierarztes die Versicherungssumme kassieren wollte,

— von einem unverschämten Katzenbesitzer, der die Tierärztin anbrüllte, weil er meinte, eine Untersuchung müsste so gemacht werden, wie er es wollte,

— von einem Pferdebesitzer, der der Tierärztin 3 Tafeln Schokolade schenkte, die er selbst für nicht mehr genießbar hielt, wie er sagte,

— von einem Bauern im Bayerischen Wald, der der Tierärztin aus dem Brandenburgischen unbedingt seinen Pimmel zeigen wollte (denn *Pimmel* war sein Jungbulle),

— von einem Kaninchenbesitzer, der meinte, sein Tierchen sei an der meist tödlich verlaufenden Trommelsucht erkrankt, weil es häufig mit den Hinterläufen auf den Boden klopfte,

— von einer Hundebesitzerin, die mit bestem Erfolg den Kindern für die Fahrt in den Urlaub die Beruhigungstabletten für den Hund und dem Hund die Reisetabletten für die Kinder gegeben hatte,

— von einer Katerkastration auf dem Küchentisch und den Hoden im Mülleimer, die eine Schülerin stibitzte und als Attraktion in den Bio-Unterricht mitbrachte,

— von einem Tierarzt, der ein Besamungstagebüchlein führte und immer ein Geschlecht des zu erwartenden Kälbchens vorhersagte,

— von einer Bäuerin, die bei der künstlichen Besamung immer den linken Vorderfuß der Kuh hochhob, wenn sie für das Kalb einen Geschlechtswunsch hatte,

— von einem Bauern, der wegen seiner Erkältung das Antibiotikum vom Kalb nahm und sich über gesteigerte Libido wunderte,

— von einem Pferdebesitzer, der beim Schieben der Nasenschlundsonde hinter das Pferd ging, um zu sehen, ob schon was kommt,

═╡▮— von einem Tierarzt, der als Kind in der Unipferdeklinik in Leipzig von seinem Vater, der dort Chef war, wegen eines verschluckten Fingerhutes geröntgt worden war,

═╡▮— von einem *todkranken* Hamster, der eingeschläfert werden sollte, sich aber noch im Finger des Tierarztes festbeißen konnte,

═╡▮— von einer Boxerhündin, die bei einem Spaziergang einen Yorkshire Terrier totbiss, mit dem toten Hund im Maul in den Wald rannte und ihn dort verscharrte,

═╡▮— von dem Anatomieprofessor, der bei Semesterbeginn 1963 meinte, bei etwa 40 neuen Studierenden seien von fünf weiblichen drei zu viel.

Der Autor

Der im Rheinland aufgewachsene Autor war mehr als 40 Jahre selbstständiger Kleintierpraktiker in einer Kreisstadt bei München. Schon als Kind hatte er auf dem Bauernhof seiner Tante intensiven Kontakt zu allen möglichen Tieren, sodass der Wunsch, Tierarzt zu werden, eine fast logische Konsequenz war. Eine Schwester studierte Medizin, eine zweite Pharmazie. So komplettierte er die medizinische Kompetenz der Familie.

Die Liebe zu skurrilen, vermenschlichenden Darstellungen von Tieren zeigte sich bereits während seiner beruflichen Tätigkeit in seiner Sammelleidenschaft für Tierfiguren von Wiener Bronzen.

Nach seiner aktiven Zeit als Tierarzt kamen nun auch skurrile Geschichten aus anderen Praxen in seine Sammlung.

Die Illustratorin

Ebenfalls mehr als 40 Jahre lebt die mit dem Autor Edgar Dahmen befreundete Malerin **gigi** in derselben Stadt.

Illustrationen sind normalerweise nicht ihre künstlerische Ausdrucksweise, als große Tierfreundin wollte sie dem Autor jedoch bei der Gestaltung der Aufgabe mit ihren Ideen helfen.

Zeitfracht Medien GmbH
Ferdinand-Jühlke-Straße 7
99095 Erfurt, Deutschland
produktsicherheit@kolibri360.de